聪明的

销售员

叶小荣

著

都 会

讲故事

中国铁道出版社有限公司
CHINA RAILWAY PUBLISHING HOUSE CO., LTD.

U0650134

图书在版编目（CIP）数据

聪明的销售员都会讲故事 / 叶小荣著 . —北京：中国铁道出版社，
2019.6（2019.10 重印）
ISBN 978-7-113-25477-3

Ⅰ．①聪… Ⅱ．①叶… Ⅲ．①销售 - 通俗读物 Ⅳ．① F713.3-49

中国版本图书馆 CIP 数据核字（2019）第 022808 号

书　　名：聪明的销售员都会讲故事
作　　者：叶小荣　著

责任编辑：吕　艾　　　　　　　读者热线：010-63560056
责任印制：赵星辰　　　　　　　封面设计：MXK DESIGN STUDIO

出版发行：中国铁道出版社有限公司（100054，北京市西城区右安门西街 8 号）
印　　刷：三河市宏盛印务有限公司
版　　次：2019 年 6 月第 1 版　　2019 年 10 月第 2 次印刷
开　　本：700 mm×1 000 mm　1/16　印张：15　字数：195 千
书　　号：ISBN 978-7-113-25477-3
定　　价：49.00 元

版权所有　　侵权必究

凡购买铁道版图书，如有印制质量问题，请与本社读者服务部联系调换。电话：（010）51873174

打击盗版举报电话：（010）51873659

前 言
PREFACE

现代学者陆刚曾说:"我们对故事的嗜好反映了人类对捕捉人生模式的深层的需求,这不仅仅是一种纯粹的知识实践,而且是一种非常个人化的、情感化的体验。"

正如陆刚所说,在销售过程中,客户喜欢听故事的需求体现得越来越明显。当产品越来越丰富、同质化越来越严重的时候,销售员的差异化就是一种必然趋势。而培养讲故事的能力、满足客户听故事的需求便是销售员差异化的一种途径。讲故事不但能把自己的观点和建议巧妙地传达给客户,还能引起客户的共鸣,所以销售员应当把学习讲故事作为销售必修课。

同样是卖灯具,如果一位销售员对客户说:"我家里装修的时候我还没有从事灯具销售,结果我就买了一款花灯,现在我真的是后悔死了,花灯不但不好清洁而且特别费电。您相信我准没错,我做灯具销售员已经有三年多了,咱们市里的每个小区都有人从我这里买过灯,像您小区里的杨铭先生装修婚房就全部用的我这里的灯……"另一位销售员对客户说:"花灯不好清洁而且特别费电,您还是听我的推荐吧。我的客户特别多,我不会骗您的……"

显然,如果您是客户,你一定愿意在第一位销售员那里成交。因为第一位销售员所讲的故事生动形象,非常有说服力,远胜过第二位销售员干巴巴的陈述。

虽然大家已经都知道讲故事对销售的重要性,但是很多销售人员其实都不会讲故事,或者根本不讲故事。如何讲一个品牌故事?如何讲经历性的故事？客户对产品不信任，怎么讲故事？客户迟迟不下单，怎么讲故事？客户不想付定金，怎么讲故事？如何以爱情为题，推一款化妆品？如何以品质为题，讲一个工艺的故事？一个好故事能拉近销售员和客户之间的距离，提升销售员的人格魅力，最终提升销售员的业绩。

本书从怎么给客户讲一个好故事、五种故事类型的具体分析、强化故事影响力的方法三方面讲起，希望可以帮助销售员提升自己讲故事的能力。

说起怎么给客户讲一个好故事，首先要明确什么样的故事才算是好故事。总的来说，一个好故事应当具有时机性、共鸣性、互动性和顿悟性。

时机性指的是在不同的销售环节为客户选择合适的故事。在向客户推销自己的过程中，可以向客户讲述自己的亲身经历，尤其是讲一点自己的糗事，这样很容易换来客户的好感和会心一笑；向客户介绍产品的时候，可以讲一个产品故事；当客户产生异议的时候，可以讲一个老客户的购买产品的故事；请求客户成交时，可以讲一个成交故事。共鸣性指的是故事中有些东西可以令客户感动，特征包括主题简明易懂、内容能够制造冲突、描述能给客户创造画面感。互动性可以通过开放式问题和封闭式问题来实现。顿悟性要求销售员要将自身拥有的产品知识转化成客户利益，让客户领会自己表达的意思并帮自己实现意图。

关于故事类型，本书将其分为主题故事、产品故事、辛苦度故事、专业度故事、概率故事五种，分别进行了详述并给出了大量案例。

关于强化故事影响力的方法，本书讲到使用肢体语言辅助，用直播、文案、新闻报道等其他传播方式代替一对一口头讲述等方法。

对于各大企业销售人员来说，本书将是学习如何讲故事、提升讲故事能力的销售必修课程。相信通过本书的学习，将会令你的身价和你的产品价值成倍增加！

叶小荣

目 录
CONTENTS

第四章　主题故事，正能量与共鸣的交响乐

第五章　产品故事，八大经典类型

第六章　辛苦度故事，你的努力让客户看见

第七章　专业度故事，你的实力让客户看见　　145

第八章　概率故事，把侥幸方案改为必备方案

第一章
再好的道理比不上一个好故事

　　大多数销售员都经历过跟客户讲很多道理的阶段，他们将销售过程中容易发生的问题以及相关知识早早准备好，仿佛客户的任何一个疑惑都可以条理清楚地用道理阐释出来。事实上，深入人心、引人入胜的故事远比讲道理容易让人接受。讲故事是把道理进行了内化，跳出了客户产生疑惑的情景，让客户站在旁观者清的角度从"遇到问题"的角度转为"解决问题"，使客户更容易在故事的场景中发现每一个角色的心理。如果客户接受了一个故事，就会接受故事所传达出来的观念与道理。

听故事是一种具有深层需求的嗜好

人人都喜欢听故事。人们喜欢听故事的原因是分层级的。第一层是为了满足对世界和人的好奇，比如孩子喜欢听大人讲故事几乎全部来自于好奇心；第二层是历史通过故事的形式讲出来，人们听故事时也是在听历史；第三层是商业或者教化对故事的需求；第四层纯粹是为了消遣；第五层则是出于存在的需要，通过故事揭示存在的秘密，帮助人们思考意义、世界、死亡等等命题。

对销售员来说，最重要的事情是如何通过故事凝聚品牌最独特的销售主张，并能够精准地捕捉到客户的心理需求。讲故事并不是说要求销售员通过一个故事就让客户下定决心下单，而是要通过故事传递没有直接说出口的信息、道理等。通过故事，销售员可以渲染强烈的文化氛围，提升目标客户的情感偏好度，最后使客户基于情感偏好而下单。品牌故事一般可以发挥这一功能。

很多时候，客户走进你的店里，并不是因为你的门店形象多么与众不同，而是因为在来之前就已经听说了这个品牌，是奔着你这个品牌而来的。任何媒体对品牌的诠释都是片面残缺、苍白乏力的，只有走进专卖店里，客户才能发现有血有肉的品牌，包括产品、服务、人员、陈列等到底是什么样的。

然而，客户无法看到品牌的过去，而这个过去的故事常常值得回忆。一个百年老字号，让现代人充满了怀旧情怀和对历史的无限遐想；一个家喻户晓的品牌，客户同样对它的过去充满兴趣，渴望探究。销售员应当了解所在企业的发展历程、创始人经历的风风雨雨以及这个企业里英雄人物的杰出贡献，所以，销售员无疑是这个品牌故事的最佳讲述者。

基本上，每一家企业都有这样的一句话品牌故事，它虽然只有一句话，却凝聚了整个品牌形象，集中体现了企业或品牌的灵魂。比如苹果的"活着就是为了改变世界"（见图1-1）、海尔的"真诚到永远"（见图1-2）等。这样的一句话品牌故事往往会与其他品牌形成明显的差异。

活着，
就是为了改变世界。
——Steve Jobs (1957-2011)

图1-1 苹果的一句话品牌故事

Haier 海 尔

真诚到永远

图1-2 海尔的一句话品牌故事

"钻石恒久远，一颗永留传"是钻石品牌戴比尔斯（De Beers）的广告语，也是销售员可以向客户讲述的品牌故事（见图1-3）。

"钻石恒久远，一颗永流传"，用这样的一句广告语将钻石与浪漫永久的结合在了一起，由此订婚钻戒更加成了世人表达坚贞爱情的约定俗成的习惯，钻戒更加成为极其珍贵的宝石戒指

图 1-3　戴比尔斯的一句话品牌故事

在戴比尔斯诞生之前，钻石并不是爱情的象征，没有任何的浪漫气息，只是少数人炫耀财富的工具之一。在 20 世纪上半叶，经济进入大萧条时期，人们对钻石的需求量急剧下降，钻石不再是奢侈品，开始走进大众市场。由于钻石具有昂贵和坚硬的特质，所以戴比尔斯公司决定把这种坚硬与爱情的坚贞拉上关系，于是，"钻石恒久远，一颗永留传"的故事就应运而生。

哪一个客户不希望拥有一段像钻石一样坚贞的爱情呢？销售员可以据此向客户讲故事。

很多客户买产品的时候总会有这样的困惑：看了大量不同品牌的产品，觉得都差不多，根本不知道它们有什么特质和差异。归根结底，就是因为销售员没有向客户讲述一句话品牌故事。只有通过一句话品牌故事告诉客户产品的特点或特质，才能让客户将特定印象与产品对应起来。

说到底，销售员讲述品牌故事都是为了打动客户，成功激起客户的购买欲望。另外，在还不确定客户真实需求的情况下，品牌是一个最好的谈论话题。"先生，您听过我们这个品牌吗？""我们企业是整个照明行业最早开始实施品牌战略的，拥有整个吸顶灯市场10%的占有率，我们这个品牌就是吸顶灯的代名词。您知道为什么我们的吸顶灯销量这么大吗？"这些品牌故事巧妙地实现了品牌与产品之间的嫁接，展示了产品的优势。

一个没有故事的品牌必然是空洞稚嫩的，而一个缺少品牌故事的销售过程同样是没有说服力的。很多销售员不喜欢了解企业的历史，认为自己卖的是产品，只要能够把产品卖出去就是最大的成功，这种想法是幼稚的。日本松下电器公司创始人松下幸之助有一个著名的产品经营理论叫作"嫁女儿理论"，这个"女儿"的身价如何，可不仅仅取决于女儿的长相，还跟她的娘家背景有很大的关系。

销售员向客户讲述品牌故事，是最大限度上满足客户深层感情需求的体现。客户选购产品的时候是感性动物，当他决定购买某个品牌时，一定是因为其内心深处有最独特的情感体验，甚至都保守着关于这个品牌的属于他自己的秘密。因此，销售员要把品牌故事讲给客户听。

任何客户都阻挡不了好奇心

任何客户都存在好奇心，好奇心的驱使是一种有效的客户行为动机。对于自己不知道的东西或事情，客户普遍感到好奇，对只了解一些而有很多还未了解的事情，客户更是好奇。

利用好奇心吸引人的做法在文学作品中很常见。比如，连载中的小说往往非常折磨人，因为总是在讲到小高潮的时候，故事就没有了，只能等待下一次更新。对于读者来说，等待小说更新的过程是非常煎熬的。同样，如果销售员善于激发客户的好奇心，客户就会被牵制，销售员就有机会发展客户关系，给客户创造需求，进而获得与客户交易的机会。

深圳一家销售万能胶粘剂的大型商店正在推广一种新型"强力万能胶水"。为了吸引更多的客户，店长用这种胶水把一枚价值千元的金币粘在墙壁上，并宣称："谁能把金币取下来，谁就是金币的主人。"一时间，这家商店门庭若市，上前一试的人也非常多。然而，大家都是用尽全力依然没能将金币取下来，就连身强体壮的大力士也不能。还有一位自称是"力拔千钧"的气功师专程赶来取金币，最后也是空手而归。于是，强力万能胶水的良好性能得到了大家认可，销量增长迅速。

对于未知，人们都有一种一探究竟的心态，这就是好奇心。在销售过程中，利用客户的好奇心理，采取以"奇"制胜的独特方式，往往可以赢得客户。那么，如何激发客户的好奇心呢？下面是两种简单可行的方法。

第一，把话说一半。为了吸引客户的注意，一定程度上控制他的思想，不妨试试"欲言又止"，把话说一半。很多销售员致力于满足客户的好奇心，却没想过激起他们的好奇心。如果只为客户提供信息，在拜访客户时，竭尽全力阐述购买产品的必要性，陈述产品给客户带来的好处，客户很少会动心。

因此，如果销售员希望客户主动了解你的产品，就不能把所有信息都告诉他，从而激起客户求知的欲望。比如，销售员讲解产品优势时，可以采取迂回的方式，告诉客户只有在实际的操作中产品优势才可以完美地显示出来。

第二，显露价值的冰山一角。这也是一个激发客户好奇心的有效策略。因为客户最在乎产品给他们带来的价值是什么，如果给他们看到一点价值诱饵，客户就会开口询问更大的价值，销售员就达到了主要目的。

价值诱饵会使客户主动请销售员进一步与他们讨论需求与解决方案的问题，以下是一些例子。销售员："如果我们的产品能帮您提高生产效率，您有兴趣听一下具体方案吗？""我可以对您的方案进行一些改进，极大地提高您的投资回报率。您希望我详细解释一下吗？""有用户通过我们的方案节省了大量资金，你想知道是怎么办到的吗？"

"提高生产效率""提高投资回报率""节省资金"，只要客户有责任心，听到这些话都会热切地想要了解更多信息，这样销售员就得到了一个愿意付出时间和精力并充满好奇的客户。

当人对某一事物产生好奇的时候，便有了努力去探求的愿望。销售员要想使自己的产品引起客户的兴趣，就要设法使客户对产品产生好奇。好奇心是"心灵的饥饿"，没有人可以抵挡住好奇心的诱惑。当你试图与客户建立联系却遇到难以克服的障碍时，就需要利用人们与生俱来的好奇心理作为攻坚利器，借助客户的好奇心理与客户建立起联系。

经历性的故事，客户对其天生的沉浸感

大家都知道"王婆卖瓜，自卖自夸"，由此可见，产品到底好不好，不是单单靠销售员的嘴巴说出来的，还需要看实际效果。所以借经历性的故事向客户说明产品的优质，更能让客户信服。

向客户讲述经历性的故事一方面可以拉近双方距离，使交流气氛变得更轻松、更自然，另一方面还可以增强说服力，增加产品的可信度。越来越多的销售员意识到，向客户讲述经历性的故事是一个非常有效的交流方法。

赵燕是一位非常优秀的电脑显示器销售员。她非常擅长借自己的经历向客户推荐产品："我怀孕已经有半年多了，但依然在我们店里大摇大摆地忙活，不怕电脑显示器的辐射，不怕屏幕光对眼睛的伤害，因为我们使用的显示器便是自家销售的液晶显示器。它是正规品牌的液晶显示屏，通过国家的3C认证。3C认证的其中一项就是电磁干扰和辐射测试。另外，我们的液晶显示器还通过了国标和世界其他标准，对人体健康的影响几乎可以忽略不计。"

听完赵燕的话，很少有客户还能拒绝购买她家的电脑显示器。经历性的故事不仅可以是自己的亲身经历，还可以是亲戚、朋友以及其他人的经历。比如，有的销售员会这样说："我的朋友也买的这款产品，她都怀孕半年多了但依然没有放弃工作，不怕电脑辐射，不怕屏幕光对眼睛的伤害，那是因为她使用的显示器便是我这家销售的液晶显示器。它是正规品牌的液晶显示屏，通过国家的3C认证。3C认证的其中一项就是电磁干扰和辐射测试。另外，我们的液晶显示器还通过了国标和世界其他标准，对人体健康的影响几乎可以忽略不计。"

故事虽小，其作用却远远超过长篇大论。没有人愿意沉下心来听你讲一堆大道理，而具体的经历性故事则不一样。通过经历性故事来证明产品优质是需要技巧的，用得好会起到锦上添花的效果，用得不好则会与初衷背道而驰。因此，销售员在讲述经历性故事时应当谨慎，按照一定的方法组织言辞。向客户讲述经历性故事需要注意以下三个方面，内容如图1-4所示。

第一，经历应当具有可信度，不宜太长。虚假的东西很可能被揭穿，一旦客户发现被欺骗，对销售员以及公司的印象就会一落千丈，还会损坏公司的声誉。销售员必须实事求是，诚恳地对待客户，否则就是自砸招牌。

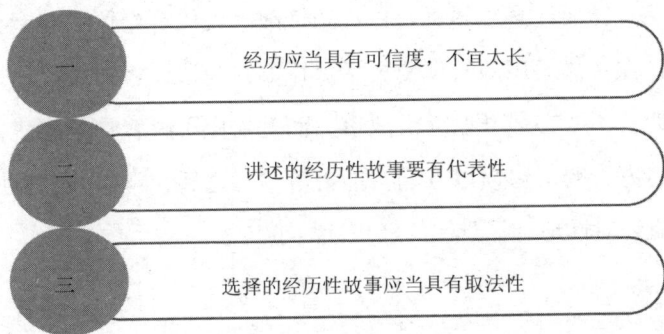

一	经历应当具有可信度，不宜太长
二	讲述的经历性故事要有代表性
三	选择的经历性故事应当具有取法性

图1-4　向客户讲述经历性故事需要注意的三个方面

一些销售员向客户讲述自身经历时总是虚构情节，肆意夸大其中的细节。表面上声称是为了增强说服力，实际上是在对客户撒谎。可能会有人反问，客户怎么会知道是真是假呢？正所谓"说者无心，听者有意"，当销售员列举出具体案例后，客户一定会特别留意这些信息。更何况，现在是互联网时代，客户很容易对销售员所讲的经历性故事进行求证。倘若如此，当谎言破灭时，销售员甚至会完全失去这个客户。

第二，讲述的经历性故事要有代表性。经历性故事应当适用于当时的情景，才是最有代表性和说服力的。比如，选择那些对产品作过重要评价或褒扬的客户或者是对大家有重要影响力的特殊客户的经历故事等。一个销售员在职业生涯中可能有很多成功的销售案例，但是并不是所有都适用于当时的情景。这就需要销售员平时多思考、多总结，选出一些故事备用。

第三，选择的经历性故事应当具有启发性。让客户产生购买欲望，这才是讲故事的目的，这要求所讲述的经历性故事一定要具有启发性和鼓动性。因此，销售员在向客户讲述经历性故事的时候，要本着能够打消客户顾虑、为客户购买找到更多的理由、权衡各方利弊、促使客户作出正确决定的原则去选。

还有一点需要注意，尽管通过经历性故事说服客户可以起到事半功倍的效果，但在具体运用的时候要灵活。比如，为了让客户更好地接受，在介绍产品时，不要在最开始就讲故事，而是要先了解客户的想法，分析客户的兴趣爱好、购买习惯以及购买能力等等。之后，再想办法根据客户的实际情况有针对性地选择具体的经历性故事。

会讲故事的销售，开单就是那么容易

销售不仅仅是卖产品，更是一种和客户建立友情的系统过程。在销售中，会讲故事的销售员往往比不会讲故事的销售员占有更大的优势，总是最先拿到订单。

徐老太的儿媳妇怀孕了，想要吃酸苹果，于是徐老太去市场上买苹果。四家销售苹果的水果摊挨在一起，但是徐老太并没有在最先路过的第一、第二家买苹果，却在第三家买了一斤，更让人惊讶的是在第四家又买了两斤。

商贩甲：徐老太遇到第一家卖苹果的商贩甲，问道："你家的苹果怎么样啊？"商贩甲回答说："我的苹果又大又甜，特别好吃，要不要来点？"徐老太摇摇头走开了。商贩甲在不知道徐老太需求的情况下讲述产品卖点，属于无效介绍，无法成交。

商贩乙：徐老太走到第二家卖苹果的水果摊，问道："你家的苹果是什么口味的？"商贩乙有些尴尬地回答："我刚刚上的货，还没来得及尝呢，看表皮红彤彤的应该是非常甜的，您要不要亲自尝尝？"徐老太没有搭理他就走了。商贩乙根本不清楚产品卖点是什么，所以难以说服客户买他的苹果。

商贩丙：第三家卖苹果的商贩丙见状问道："您想要什么样的苹果？我这里品种很全，一定有您满意的。"徐老太说："我想要口味偏酸一点的苹果。"商贩丙答道："这种苹果是黄元帅，口感略酸，符合您的要求，请问您要多少斤？"徐老太说："那就给我称一斤吧。"商贩丙把握住了客户需求，但是没有挖掘客户需求背后的动机，属于客户自主购买，没有将销售单值最大化。

商贩丁：路过第四家卖苹果的水果摊时，徐老太又问道"你家的苹果怎么样啊？"商贩丁答道："我家的苹果很好的，回头客非常多。请问您想要什么样的苹果呢（探寻需求）？"徐老太回答说："我想要酸一些的。"商贩丁问道："大家都想买又大又甜的苹果，您为什么要酸苹果呢（挖掘需求背后的动机）？"徐老太说："我的儿媳妇怀孕了，想要吃酸苹果。"

商贩丁说："您对儿媳妇真好，将来您的儿媳妇一定给您生一个大胖孙子（通过赞美拉近与客户之间的距离）。几个月前，这附近也有两家要生孩子，就是来我这里买酸苹果，您猜怎么着？这两家都生了儿子（讲案例故事，构建情景，引发客户憧憬）。您要来几斤（封闭式提问，默认成交，不给客户拒绝的机会）？"徐老太被商贩丁说得非常高兴，答道："我再来两斤吧。"

商贩丁又向徐老太介绍其他水果："橘子也很适合孕妇吃，口味酸甜，还富含多种维生素，特别有营养（关联销售，将销售单值最大化）。您的儿媳妇要是知道您不仅给她买了她爱吃的苹果，还买了橘子，她肯定开心（引发愿景）！"徐老太答道："好，那就来三斤橘子吧。"商贩丁又开始赞美徐老太："您人可真好，哪个媳妇儿要是摊上了您这样的婆婆，实在太有福气了！"

商贩丁还告诉徐老太他的水果每天都是早上5点进货，天天卖光，保证新鲜，要是吃好了，让徐老太再过来(肯定客户的购买决定，让客户踏实，建立客户黏性)。徐老太被商贩丁夸得非常开心，说道："要是吃得好，我把我的朋友们都介绍过来买。"商贩丁最后还说："您下次要是带朋友来买我的水果，我就再送您一些新鲜水果（培养客户忠诚度）！"老太太提着水果，满意地回家了。

以上案例告诉我们，会讲故事的销售员与不重视讲故事的销售员相比，开单更容易。所以说，培养销售员讲故事的能力至关重要，下面就来看看如何讲故事。讲故事的六大步骤如图 1-5 所示。

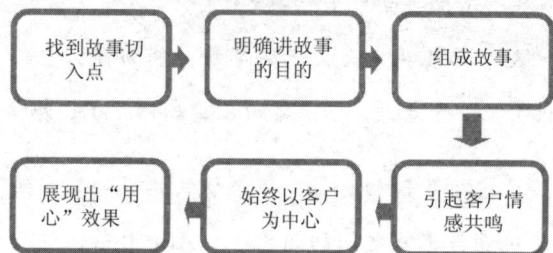

图 1-5 讲故事的六大步骤

步骤一：找到故事切入点

找到故事切入点的前提是准确捕捉客户的心理需求，用故事包装产品的独特销售主张（USP），进行感性诉求。故事切入点一般分为以下三种：一种是以理服人（产品性能卓越、功能独特等方面）；一种是以利诱人（例如产品价格低、促销力度大等）；一种是以情动人(人与人之间的情绪互动)。

步骤二：明确讲故事的目的

讲故事的目的不同，故事在销售过程中发挥的作用也就不同。有的故事是为了证明产品的真实性和受欢迎程度，此时最好的故事就是用客户熟知的老客户案例说服客户，说明产品的销售量高、好评度高。

还有一些故事是为了打动客户，激起客户的共鸣，让客户在价值观方面保持一致。比如戴比尔斯的"钻石恒久远，一颗永流传"，销售员利用该故事打动了无数追求真爱的男女，促进了钻石的销售。

步骤三：组成故事

明确讲故事的目的后，如何巧妙地组成故事呢？

首先，搜集、整理、归纳原材料，丰富故事储备。当你开始重视通过讲故事来进行销售时，会发现这一手段早已经被广泛应用在企业广告以及公关活动中了。一方面，你可以借助自己喜欢的明星偶像来讲故事，也可以通过图片广告来讲故事，这些都是客户熟知的素材，说服力更强。另一方面，阅读、观看、借鉴他人的做法有利于销售员有意识地学习，并迅速搜集、整理、归纳成自己的故事集。

其次，讲故事前，想方设法让客户讲出他的故事。通过倾听客户的故事，可以了解客户的价值观、购买偏好、人生经历与乐趣以及真正的购买决定权在谁手上。如果客户愿意分享他的故事，并且分享的故事越是隐私，说明他对销售员的信任度越高。

步骤四：引起客户情感共鸣

为什么好故事会被一代代传承下来？关键在于其中的情感因素。故事很少以理服人，也不以利诱人，而是通过情节起伏带动人们的情感起伏，最后让人们接受它所蕴含的道理。讲故事的关键在于锁定、创造、满足客户的情感需求，通过故事把客户带入到有利于销售的情境中。因此，编辑故事时应当抓住最有利于销售、对客户的购买决策最有冲击力的细节，而不仅是完整地讲述故事。

步骤五：始终以客户为中心

故事是讲给客户听的，所以在设计故事前，销售员必须分析客户，包括客户特征是什么、他们喜欢听什么样的故事、这些故事的情感元素是什么、他们更容易接受哪种语言等。

另外，好故事应当与客户息息相关，故事愿景中有客户的存在。对于客户来说，好故事可以让客户立刻想到自己，可以让客户联想到他拥有或使用产品后的一切。而且，这种愿景应当比他的现实生活更加美好和具有诱惑力。

步骤六：展现出"用心"效果

一个好故事应当能将客户的购买热情从99度推向100度。同样的故事，销售员是否用心讲，最终的结果有很大差别。那么，销售员如何在讲故事的过程中展现出"用心"效果呢？

第一，与客户的目光接触，表示对客户关注；第二，要随着故事情节的发展变化表情，表明自己感情投入，突出故事的真实性；第三，用简明、直接的语言来讲故事，避免语焉不详，让客户理解错误；第四，注意目标客户喜欢使用什么样的词，并加以配合；第五，尽量为故事提供视觉材料，在语言中引入尽可能多的感官词汇，引发客户产生积极联想；第六，及时结束故事，根据客户的反应把握好讲故事的时间。

销售高手与普通销售员之间的一个显著差异是讲故事的能力，顶尖销售高手通常都是讲故事的高手，但是讲故事的能力是可以后天练习并加以提升的。如果你还不会讲故事，那么从现在开始学习还不晚。

可口可乐讲配方，链家讲"欠账论"

讲故事对于销售员来说至关重要，对于企业来说也是必不可少的。大多数企业领导人都喜欢聊自己的产品，聊自己的技术，其目的是推销企业的产品和服务。事实上，要想从根本上把企业的产品和服务推销出去，就必须提升企业品牌，而这离不开讲故事。

可口可乐是一家擅长讲故事的公司，可以说是其神秘的配方故事撑起了这个品牌。1886年，可口可乐的配方在美国亚特兰大诞生。截至2017年，可口可乐配方已保密130多年。法国一家报纸曾打趣道，世界上最不为人知的三个秘密分别是英国女王的财富、巴西球星罗纳尔多的体重和可口可乐的配方。

可口可乐的公司领导人都将保护配方作为首要任务。据说，可口可乐的配方保存在亚特兰大的一家银行保险柜里，只有公司董事长、市长、可口可乐的指定继承人三人同时到场才能打开保险柜。还有一个传闻是没有人知道全部的可口可乐配方，掌握配方的三个人分别掌握了配方的1/3。而且，掌握配方的三个人还签署了保密协议，不能将手中的配方泄露给其他人，也不能乘坐同一辆汽车、火车或者同一架飞机，以防发生意外而导致配方失传。

2006年发生的"可口可乐配方失窃案"（见图1-6）可谓是震惊整个世界，说是可口可乐公司总部的一名员工盗窃了配方。然而，案子很快就被破获了。对于这次事件的真假，大家无从验证，多是一笑了之：可口可乐的配方怎么可能这么容易就被盗窃！

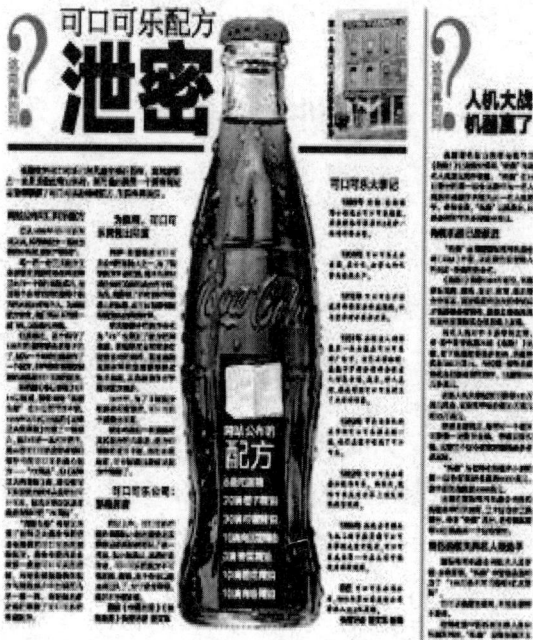

图 1-6　可口可乐配方失窃案

　　如果说配方泄密是可口可乐的一个营销手段，那么这个营销手段不能不说是高明之极。1979 年，可口可乐开始进入中国市场。这时候，可口可乐开始在媒体上做广告。如果是其他饮料厂商，也许会讲自己的饮料多么好喝或者有营养，但是可口可乐没有这样做。可口可乐只是绘声绘色地讲了可口可乐配方的故事，尤其是将配方保护方面的手段夸大。

　　当时，在报纸上做广告还不是很常见，所以可口可乐神秘配方的故事很快就传播开来，人们开始将喝可口可乐作为一种时尚。随着可口可乐配方故事的广泛传播，可口可乐在短短几年的时间里就成为市场上最著名的品牌之一。

可以发现，人们之所以钟情于可口可乐，不仅仅是因为它的口感，还因为它带给人们的神秘感和配方背后的故事。一种饮料如果单纯靠口感来营销，总有一天会被人们厌倦，可是如果用故事来吸引人们，则会长久不衰，因为人们的好奇心是永恒的。可口可乐明白这个道理，于是它用配方的故事吊足了人们的胃口。

与可口可乐一样，国内规模最大的房地产中介链家也是一个懂得讲故事的公司。很多人都好奇链家到底为何能做到这么大。链家董事长左晖就擅长讲故事。

左晖有12年的租房血泪史，他曾经遭遇过被房东撵走、被房东涨价、被房东扣押金等经历。他在讲述自己的故事时，和租房者拉近了距离。

在房产交易过程中，有的中介为了获得更多的利益，采用赚差价、虚构房源等方式欺骗消费者，导致购房者对房产中介普遍信任度低。而左晖讲述了一个"欠账论"的故事。他觉得，不是他做得多好，而是购房者没有更好、更多的选择而已。这一故事也引发了购房者的共鸣。

在购房过程中，链家的资深的销售员能为您讲述更多的真实故事，例如"为了节省中介服务费，房产无法过户的故事"；"为了买房，征信造假，被银行拒绝贷款的故事"等。

通过这些真实发生的故事，左晖和他的销售员们对租房者、购房者进行引导，引导他们相信品牌中介的专业度、相信诚信的力量。

对于品牌来说，故事是向消费者传递品牌诉求的载体。没有故事的品牌只是一个符号、一个名称，而不是一个真正的品牌。在竞争激烈的市场中，给品牌赋予故事，必能给企业和品牌本身带来勃勃生机。那么，如何给品牌创作故事？

品牌故事的本质是"故事"，不是企业介绍、产品介绍、品牌理念描述，更不能写得像诗或者散文，因为故事本身具有的传播性是其他形式无法替代的。

创作品牌故事的正确方法是当成记叙文来写，而且情节不能太复杂。比如，创始人因为一个灵感、一个想法或者被某一件小事所触动而创立品牌的小故事。小故事便于记忆和传播，有利于提升品牌知名度和影响力。如果有两个品牌介绍摆在面前，带有一个小故事的品牌往往比只有企业和产品介绍的品牌更容易让人记住。

创作品牌故事要注意三个问题。首先，品牌故事要符合品牌个性。比如一个品牌个性稳健的企业，如果传播该企业追求时尚、特立独行的故事就不太合适。第二，一个品牌可以有多个故事。面对不同的市场，企业的角色也不同，那么宣传的品牌故事也必然不一样。面对投资者，企业需要讲过往的诚信故事；面对合作伙伴，企业需要讲过去及时付款的故事；面对目标客户……第三，品牌故事要避免偏激和极端。品牌的意义在于为塑造美好，是对人间真善美的追求和实现，品牌故事也应当表现这一主题。

雷军在讲"发烧"，德芙讲爱情

成立于 2010 年的小米公司，创造了一个业界销量传奇，而小米创始人雷军也因出色的才能被人们亲切地称为"雷布斯"，被大家视为"中国的乔布斯"。其中雷军给大家讲述的"发烧"的故事（图 1-7）发挥了关键作用。

图 1-7　小米"发烧"的故事

雷军称自己是一个"手机超级发烧友",用过不下100部手机,他对手机质量、性能很挑剔,他觉得自己的"发烧"情况,也是有些手机用户的情况。

被定义成发烧友的小米用户在家人、同学以及朋友中彰显出了他们的个性。一个典型的小米用户应当是这样的:

大城市中的一个小白领每天为了生存而忙碌工作,闲暇的时候将自己的小米手机拿出来玩。向身边的女同事秀一秀自己对手机的若干调整和高配置,头头是道的讲解让女同事们崇拜不已。晚上的时候在小米论坛中与志同道合的发烧友们探讨一下小米的各种性能指标,将各种烦恼暂时放下,享受业余生活的欢愉。大部分小米用户的发烧程度没有那么高,他们更享受的是,自己用的手机与发烧友是一样的,就像穿着与偶像同款的衣服一样,心底得到的是一种久违的存在感。

雷军通过"发烧"的故事带领小米赢得了大众市场,与此同时德芙巧克力通过讲述伟大的爱情故事得到了消费者的青睐。

20世纪初,卢森堡为了提高在欧洲的地位,通过联姻的方式与比利时达成了同盟协议。芭莎是卢森堡王室的公主。

一个偶然的机会，芭莎公主在王室后厨认识了一位厨师莱昂，并且相爱了。莱昂每天偷偷为芭莎做冰淇淋。

然而，芭莎公主被要求嫁去比利时。

当莱昂得知这一消息时，他特意在做给芭莎的冰淇淋上用热巧克力写了几个英文字母"DOVE"，意指"DO YOU LOVE ME"。

芭莎公主收到冰淇淋时就明白了情人的心意。她很难过，静静地看着冰淇淋融化。再后来，芭莎公主嫁去了比利时。

伤心的莱昂来到美国，做了一款冰淇淋产品。他在冰淇淋刻上了四个字母"DOVE"，一时间大受用户欢迎。芭莎也因为德芙巧克力，找到了莱昂。

伟大的爱情故事赋予了德芙巧克力更多的品牌内涵，也给了消费者美好的爱情期许。

企业都在讲故事，销售员更要讲故事

企业无论大小，都需要通过故事塑造自我。讲一个动人的故事，能让企业的产品、形象、思想像蒲公英一样传播开来。

一个叫伊藤亮子的日本人在海边逛鱼市的时候，看见很多渔民都在贩卖一种很可爱的小虾。渔民告诉他，这种小虾从小就生活在石缝中，一直到长大都不会游出来，而且都是成双成对的。渔民们把它们捕捞上来，放在清水中出售，价格很便宜，还具有观赏性。

伊藤亮子想，这些小虾在石缝中生活，尽管一生短暂，依然不离不弃，厮守到老，这跟人们忠贞不渝白头到老的爱情不是很像吗？只要对它们进行设计包装，就可以作为感人的情感产品出售。有了这种想法，他便在东京开了一间店，专门出售这种成对小虾。不像渔民那样将小虾简单地放在盆里，他经过精心设计，专门定制了一种小巧别致的玻璃箱，往里面放入假山石，再装饰一些水底植物、彩灯，放入清水，变成了小虾们的"爱巢"。里面还安装了防水电子音响元件，可播放舒缓的背景音乐。产品一经问世，便广受人们的欢迎。

在产品附带的卡片上，伊藤亮子把小虾厮守偕老的故事描绘得真切动人，不仅引起了新婚夫妇们的共鸣，也打动了很多老夫老妻，都乐意买回家去作为爱情纪念和信物，产品十分热销。

企业通过故事可以传播口碑，有利于企业形象塑造，而销售员也可以通过故事传播一种观念、一种思想，有利于说服客户成交。

罗丽是上海史泰博公司一家办公用品专卖店的销售员。有一次，一位女客户一直在办公座椅区流连，然后问罗丽："你们家的办公椅怎么卖？"罗丽扶着其中一把座椅说："这把办公椅是1 800元，而旁边那把椅子是2100元，请您到那边的沙发上坐下来，我们再谈吧。"客户说："谢谢，还是不用了，我今天只是先看看，你们家的座椅明明看着没什么特别，怎么比别人家的价格高出了将近一倍啊？"

罗丽立即回答说："小姐，这里面的学问就大了，您可以试坐一下我们家的座椅。"客户分别在几把座椅上坐了片刻，说："我觉得没什么特别啊，只是比起别人家的座椅要硬一些。"说完，客户开始研究几把椅子，显得犹豫不决。

　　罗丽发觉了女士的犹豫，微笑着对她说："不知您是否关注过新闻，前一段时间，居住在厦门的刘小姐洗完澡后像往常一样坐在电脑桌前的气压升降椅上吹头发。突然砰的一声巨响，椅子就炸开了。刘小姐当即摔倒在地上，幸好他的弟弟及时赶到将其送往医院。医生从她的腹腔和臀部取出几十块铁环、螺丝和碎片，幸好命是保住了。另有一些不幸的，因为椅子爆炸当场死亡。"

　　客户非常惊讶："怎么会这样？"罗丽回答说："这一切悲剧的根源就是他们使用了无品牌或杂牌的座椅，而这些座椅使用的劣质气压棒是无国家和行业安全认证的。您既然来到我们店，应当也听过史泰博这个品牌。史泰博是一个美国办公用品品牌，产品质量在行业内是数一数二的，在世界范围内得到了广泛认可。史泰博还是北京 2008 年奥运会办公家具独家供应商，得到过国际奥委会主席罗格的高度称赞。"

　　客户说道："看来买座椅还是不能贪小便宜吃大亏呀。不过，我有一点不明白，你们家的座椅比较硬是什么原因？"

　　罗丽回答说："我们家的办公椅内部都安置有弹簧，只不过 2 100 元的这把比 1800 元的这把安置的弹簧更多。使用我们家的座椅，刚开始坐上去会感觉硬，但因为它是依据人体结构进行设计的，解决了人久坐后会感觉疲倦的问题。另外，弹簧数量越多，就越不容易变形，不仅不影响坐姿，还可以矫正错误坐姿。可以说，我们家的座椅不仅有质量保证，还对人的健康有利。这就是我们家的座椅比别人家的座椅贵的原因。"

　　发现客户还在考虑，罗丽接着又说："其实，您可以买这把 1 800 元的座椅，在保护人体健康和使用寿命上也是很不错的。您觉得哪把椅子更适合您呢？"听完罗丽的话，客户决定买下那把 2 100 元的椅子，毕竟与金钱相比，人体健康是无价的。

可以发现，罗丽向客户推销座椅的过程中，讲述的新闻故事对客户起到了很大作用，使客户认识到了健康的重要性，选择了更贵的座椅。

情景测试 1：聊天是个技术活，如何传递专业感

很多销售员都遇到过这种情况，明明自己的产品无论是质量还是价格都有明显优势，可客户就是不买。对于销售新手来说，这种情况更为普遍。

仔细分析就可以发现，销售员基本的礼节、说辞都没有问题，对产品的介绍也比较客观，而且已经赢得客户的信任，但当客户问"你觉得我买这个好，还是那一个好""你觉得我现在买划算，还是等半年再买合适"等问题的时候，他们的表现总是不能令客户满意。有些销售员甚至说："全凭您个人喜好了。"当客户听到这种不专业的回答，只会果断离开。

与销售员聊天的时候，客户总是反复咨询那些自己不熟悉又关系到自己的切身利益的问题，这时销售员能不能给出专业建议显得尤为重要。

杨军夫妇打算在北京朝阳区立水桥小区买一套两室一厅的二手房，面积 100 平方米左右，预计总花费 450 万元。他们通过房产中介链家经纪人程成看了小区内的房子，一上午下来看了五套房子，杨军夫妇比较满意的有两套。一套是临近街道，装修上等、总价 458 万元的房子；一套是小区中心位置，面积相等、无装修、总价 445 万元的房子。

而杨军妻子已经怀孕三个多月，害怕装修后室内有害气体影响到孩子。于是她就问程成："小程，你觉得这两套房子哪套好？"程成回答："装修好的房子价格高点，好在有装修；装修差点的房子价格低，两者各有优势，就看您自己的选择了。"

杨军曾经做过销售员，由此看出程成是个新手，不可能提供专业的建议。于是，杨军夫妇找借口去找其他中介人员咨询，最后在别人那里成交了。

程成把情况告诉了店经理，店经理问他："如果买房子的是你，你会怎么办？"程成说："当然买小区中心位置没装修的那套房子了。可以先租一个房子，等房子装修好过几个月再搬进去，毕竟这个房子至少要住十几年。"店经理无语了，呵斥道："既然你知道，客户需要专业建议的时候，你为什么不说？"

客户问的问题，五花八门，有一些是行业内的，还有一些可能是行业外的。总的来说，销售员只有积累丰富的专业知识，拓宽自己的知识面，才能给客户专业性的回答，传递专业感。

要想成为一个专业的销售员，充分了解自己的产品是基本要求。比如，房产中介经纪人不必去炫耀自己比任何中介都更熟悉市区地形。事实上，当你带着客户从一个地段到另一个地段到处看房的时候，你的行动已经表明了你对地形的熟悉程度。当你对一处住宅作详细介绍时，客户就能感受到你绝不是第一次光临这处房屋。

了解自己公司销售的产品之后，还需要了解其他公司的产品，并经常将它们进行对比，找出各自的优劣势。一旦客户说："你卖的这个产品，其他公司也有，为什么要买你的？"就需要你拿出具体的理由，让客户选择你的产品，而非其他公司的产品。突出自家产品优势的时候，不能只说其他公司产品的劣势，否则会给客户一种刻意贬低竞争对手的感觉。

如果只给客户比较同类产品，客户当然不会觉得你不专业，但也不会认可你的权威性，因为其他销售员也会这样介绍、建议。如果销售员能站在行业的高度去分析问题，客户便会感受到你的权威性。因此，销售员应当多收集一些行业信息，提高自身的专业素养。比如，房产中介经纪人与客户讨论到抵押问题时，所具备的财会专业知识也会使客户相信自己能够获得优质的服务。

销售员还需要适量了解其他行业的知识。王刚退休后，手里有不少积蓄，想作些投资，犹豫是买股票还是买商铺。这天，深圳一家地产公司的销售员赵健给王刚打电话推销深圳宝安的商铺，不买的话，就当免费旅游了。赵健在大巴上从地理位置、政府的规划到项目开发商的实力一一说给王刚听，又结合所带的宣传资料进行了对比，王刚有些动心了。

到了现场参观后，王刚感觉比较满意。这时，王刚说，他一个朋友正在搞股票，最近赚了不少，自己得回去和老伴商量一下，是买股票还是买商铺，毕竟退休的这些钱是养老用的。赵健这时慌了，又想起自己的店长也做了几年股票，对股票研究颇深，于是叫来店长来解说。店长通过分析得出了股票风险太高、投资商铺更稳妥的结论，而王刚现在不适合风险太高的投资。终于在店长的分析下，王刚买了一个商铺。

不是每个销售员都像赵健一样，能够恰好有店长帮忙。最好的解决方法是在平时拓宽自己的知识面，做到不仅是本行业的专家，还是多数行业的杂家。这样客户才会对你的专业性、权威性给予认可。

情景测试 2：一个不可思议的心理学实验

日常生活中有这样一种现象：在你请求别人做事时，如果一开始就提出较高的要求，很容易遭到拒绝；而如果你先提出较低的要求，别人同意后再增加要求的分量，则更容易达到目标。这就是登门槛效应（见图1-8），一个心理学实验证明了登门槛效应的存在。

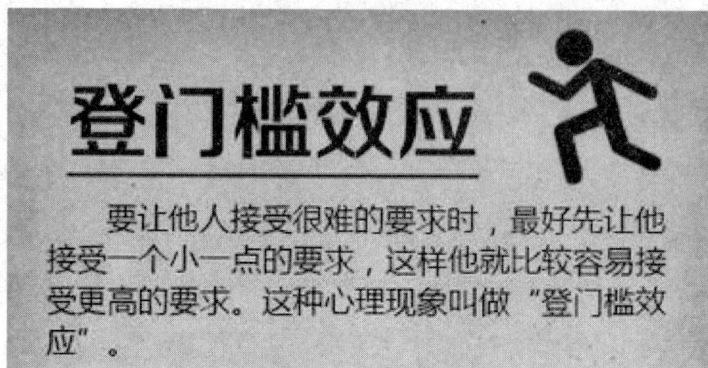

图 1-8　登门槛效应

1966 年，美国心理学家弗里德曼和他的助手曾做过这样一项经典实验，让两位大学生访问郊区的一些家庭主妇。其中一位首先请求家庭主妇将一个小标签贴在窗户或在一个关于美化加州或安全驾驶的请愿书上签名，这是一个小的无害的要求。两周后，另一位大学生再次访问一些家庭主妇，要求她们在今后的两周时间里在院内竖立一个呼吁安全驾驶的大招牌，该招牌很不美观，这是一个大要求。结果答应了第一项请求的人中有 55% 的人接受了第二项要求，而那些第一次没被访问的家庭主妇中只有 17% 的人接受了该项要求。这种现象被心理学家称为"登门槛效应"。

以下是"登门槛效应"的一个应用案例。

销售员王丽丽去拜访一位之前拒绝了她的客户。

客户袁经理："不好意思，我之前已经跟你说过，我们现在确实没有可以合作的大单子，再说把大单子交给你们我也不放心。"

王丽丽："袁经理，我完全可以了解这一点。一个没有过合作的双方都不知道对方的接单能力、质量或付款速度。正是因为您有这个顾虑，我才要跟您联系。当然我也不强您所难，您看是不是可以先发一些量特别小、又不着急用的单子，如果我们到时做得不好，也不会影响您的进度。当然，出了问题，我们是不会收取任何费用的。"

王丽丽故意留出时间让客户稍作思考，然后又接着说："目前和我们公司合作的也有像您公司一样的大客户，甚至比您公司规模大一些的客户也是有的。最初的时候，他们也对我们不放心，但是真正与我们合作后才发现，我们可以高效、高质地完成单子。现在，很多客户已经将我们列为首要合作商了。"

袁经理："好吧，我先发给你一个小单子，不过得三天内交货，质量不行或速度不行我们不会付钱的。"

三天后，交货完成。

王丽丽："您看我们的供货速度和质量都还不错吧。我们公司的价格和其他同行的报价相比低了一些，但是质量丝毫不差。袁经理，您看这样行不行，我们公司与您合作的第一次大单子，我会向公司申请给您打个95折，让您拿到最优惠的价格。"

袁经理："好吧。"

俗话说得好，"心急吃不了热豆腐"。做什么事都不能太着急，否则就会得不偿失。销售员应当学会利用"登门槛效应"，由小到大提升销售。

第二章

什么样的故事才算好故事

什么是好故事？每个人都有自己的标准。但是对于销售员来说，向客户讲述的故事的好坏只有一个标准：具有时机性，适合讲给当下的客户听；具有共鸣性，有些东西能够让客户感动；具有互动性，通过提问增强客户的参与感；具有顿悟性，能够让客户领会故事表达的意思并实现销售员的意图。

时机性：为客户选择合适的故事

讲故事是一名销售高手需要具备的基本技能。在销售过程中，有四个环节需要销售员讲故事，不同的环节所适合讲述的故事不同。四个环节如图 2-1 所示。

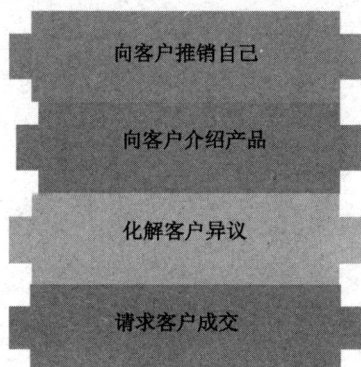

图 2-1　需要销售员讲故事的四个环节

在向客户推销自己的过程中，销售员应当摒弃那些类似"你好，我是来自××公司的销售顾问×××，今天来是想帮您解决一个问题"等老生常谈的开场白。因为大多数销售员都是这样开场的，所以客户对于这种开场白不会感兴趣，除非他遇到了严重的问题，并且糟糕到不得不解决的地步。

销售员需要以与众不同引起客户的注意，成功把客户的注意力从手头上的工作上转移到你身上来。顶尖的销售高手会通过一个故事向客户推销自己。就好比面试的时候，主考官让你证明自己的工作能力。这时简单告诉对方你曾经在一年的时间里创造了 5 000 万元的销售业绩，不如告诉对方你是如何千辛万苦拿下了一个地标性工程。在这样的故事里，既可以表现你的勇气、自信、足智多谋，也能展现你的坦诚、谦逊和团队合作精神。

同样一个故事，不同的人可以从不同的维度解读。向客户讲述自己亲身经历的故事能够快速拉近与客户之间的距离，让客户相信你。尤其是讲一点自己的糗事，很容易换来客户的好感和会心一笑。

向客户介绍产品的时候也是讲故事的一个好时机。向客户讲产品故事不一定非要讲产品的设计理念、研发过程等，只要抓住客户的关注点，在细节描述上做足功夫就够了。

比如，一个软体家具销售员向客户推销双人床的时候，说道："我们的床没有震感，在同一张双人床上，一个人起床了，另一个人完全没有感觉。"这样的产品介绍显然无法打动客户，因为你没有创造生活的画面感。

这位销售员本来可以这样说："您应当有过晚上应酬很晚才回到家里的经历吧，您的老婆在家里等了一个晚上，终于等到您回家一起休息了。两个人本来都很辛苦，可是您酒喝多了半夜要起床去洗手间三四次，如果每次起床床垫都有震动的话，您让老婆一个晚上怎么睡觉呢？"这样一来，客户通常会被打动，从而买下没有震感的双人床。

跟客户讲产品故事，应当尽量抓住产品使用过程中的细节问题。只有让客户的大脑中出现了画面感，才能真正打动客户，这样你所讲的就是一个好故事。

讲故事也是化解客户异议的一个好方法。客户的异议可能是产品方面的，也可能是服务方面的。很多销售员在处理客户异议的时候喜欢跟客户讲道理，这种方法效果并不好。因为客户通常在心里放松、心情愉悦的状态下才有可能成交，如果客户心里感觉委屈，被销售员"欺负"的话，他就不会买单。

当客户出现异议的时候，销售员应当保持冷静的头脑，仔细回想一下是否有客户提出过类似的异议，当时客户是否成交，客户的决定对后来的生活造成了怎样的影响等。

一个老客户的故事可以让新客户产生信任感，老客户的故事可以这样讲："您放心吧，我们的服务不会让您失望的。虽然我在上海开店，但是还有北京的客户到我店里来买产品。为什么？我的一个老客户原来是在上海做生意的，生意做大了去北京发展，等到家里新房装修，全北京转了个遍，结果还是跑到我这里来买产品。她跟我说，'逛了那么多家还是你们家服务最好，我宁可舍近求远开车来找你，就是信得过你们家的服务。'"

如果能够向客户展示老客户订单，说服效果会更好。比如，有的销售员会请使用自己产品的客户拍一段视频谈谈自己对产品的使用感受，然后放在自己的微信公众号上，以增强销售的说服力。

请求客户成交时也可以通过讲故事的方式进行逼单，特别是对那些喜欢犹豫不决的客户。对销售员来说，讲故事可以测试客户的购买意向到底有多少。对客户来说，可以从别人的故事里寻找力量，从而说服自己购买。

销售过程中经常用到的"例证成交法"就是通过讲故事说服客户下单，比如"我们有一位客户……"在跟客户讲成交故事的时候，摆出可信的证据比单纯地讲更有用。比如，边翻着其他客户的方案边跟客户讲，"您看，这就是×××先生的方案，您觉得怎么样？"这种方法会对客户的心理形成一种暗示：既然这么多人选择了，那么应该错不了，从而激励客户马上采取行动。

销售员应当根据销售环节的不同，为客户选择时机恰当的故事。如果时机不对，故事内容再好，也起不到应有的作用。

共鸣性：有些东西可以令客户感动

讲故事能力的高低不同造就了销售高手与普通销售员的区别。可以说，讲故事的高手基本上也是顶尖销售高手。那么，销售员如何才能讲好故事，打动客户的心呢？

销售员讲故事是为了说服客户，在这种状况下，要想讲好销售故事，首先要考虑的就是故事的隐含意义是什么，是否可以引起客户的共鸣。如果文不对题，没有令客户感动的东西，即使故事再精彩也很难达到预期效果。下面是聚美优品创始人陈欧为聚美优品代言时讲述的三个故事，由于共鸣性非常强，都取得了很好的传播效果（见表 2-1）。

表 2-1　聚美优品创始人陈欧为聚美优品代言时讲述的三个故事

发布时间	片名及时长	文　案	相关数据
2011 年 7 月 18 日	聚美优品陈欧广告片 TVC 30 秒	我是陈欧，聚美优品创始人。蜗居裸婚都让我们撞上了，别担心奋斗才刚刚开始，"80 后"的我们一直在路上，不管压力有多大，也要活出自己的色彩，做最漂亮的自己。相信我们，相信聚美！我是陈欧，我为自己代言！	优酷播放 97.2 万微博转发 7 000 多次评论 2 000 多条
2012 年 11 月 7 日	2012 年度聚美优品全新励志大片 1 分 30 秒	你只闻到我的香水，却没看到我的汗水；你有你的规则，我有我的选择；你否定我的现在，我决定我的未来；你嘲笑我一无所有，不配去爱，我可怜你总是等待；你可以轻视我们的年轻，我们会证明这是谁的时代。梦想，是注定孤独的旅行，路上少不了质疑和嘲笑。但，那又怎样？哪怕遍体鳞伤，也要活得漂亮。我是陈欧，我为自己代言	播放数据暂无微博转发 43 万评论 6 000 多条点赞 4 000 多次

续表

发布时间	片名及时长	文案	相关数据
2013 年 11 月 19 日	聚美优品 2013 年度励志大片《光辉岁月我为自己代言》 1 分 48 秒	从未年轻过的人，一定无法体会这个世界的偏见。我们被世俗拆散，也要为爱情勇往直前；我们被房价羞辱，也要为简陋的现实变得温暖；我们被权威漠视，也要为自己的天分保持骄傲；我们被平庸折磨，也要开始说走就走的冒险；所谓的光辉岁月，并不是后来闪耀的日子，而是无人问津时，你对梦想的偏执，你是否有勇气（我有勇气），对自己忠诚到底。我是陈欧，我为自己代言！	优酷播放 154 万次 微博转发 3 万次 评论 3 000 多条 点赞 6 000 多次

（以上各类数据截至 2016 年 12 月 12 日，数据来源仅为陈欧本人的微博，其他平台相关数据暂不囊括）

一个可以引起客户共鸣的故事应当具有以下三个特征，内容如图 2-2 所示。

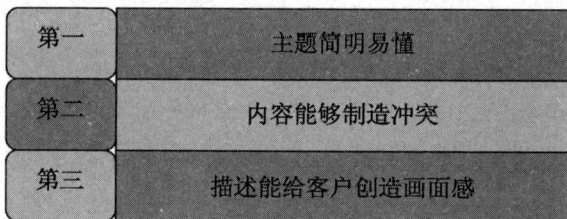

第一	主题简明易懂
第二	内容能够制造冲突
第三	描述能给客户创造画面感

图 2-2　一个可以引起客户共鸣的故事具有的三个特征

第一，主题简明易懂。众所周知，写文章之前首先要明确文章的中心思想，否则很容易天马行空，内容偏离主线。讲故事也一样，首先得确定故事的主题是什么。我们可以参考一下影视剧的案例。《何以笙箫默》这部电视剧本身的内容很好，但是如果在不了解内容的情况下单看名字，大多数人的反应可能是不知所以然。所以，这样的故事主题显然是不理想的。

一个好故事，单看主题就应当让人理解在讲什么。我们可以采用一个动作作为故事主题，比如《搭错车》；也可以采用一个人物来做主题，比如《如懿传》；甚至也可以采用一个物体作为主题，比如《井冈山》。只要主题是大家所熟悉的、容易理解的，就可以作为故事主题。

对销售员来说，故事的主题一般分为三类：一种是围绕人物（销售员自身、另一名客户等）的故事，一种是关于物体（产品）的故事，还有一种是关于动作（服务）的故事。明确自己要讲哪一种故事后，便可以据此简单地开始。

如果是讲另一名客户的故事，可以这样开始："我曾经遇到过一位跟您有同样想法的客户……""我曾经遇到过这样一位客户……"

如果是讲产品的故事，可以这样开始："为什么我们的产品要设计成这个样子呢？""您是否知道我们的产品是如何设计出来的？"

如果是讲服务的故事，可以这样开始："我们的 24 小时上门服务是怎么做到的呢？""我有自信您一定会对我们的服务满意的，因为……"

当销售员开头一句话点出自己接下来要讲的故事主题时，可以抓住客户的注意力，还不会让客户不知所以然，使客户自然而然跟着销售员进入故事情境。

第二，内容能够制造冲突。如果用平铺直叙的方式跟客户讲故事，很难让客户产生听下去的兴趣，所以好故事应当能够制造冲突，有起伏，有悬念。

对客户来说，用最低的价格买最好的产品和服务是理所当然的追求。尽管大家都明白一分钱一分货，但是所有人依然希望自己买到的产品价格比别人要低。这不仅仅来自于客户喜欢贪便宜的心理，还出于客户的竞争心理。因为同样的产品，如果自己买的价格比其他人要低，那么可以证明自己的谈判能力好，与朋友闲聊的时候又多了一些可以炫耀的谈资。

因此，销售员讲故事的时候应当是基于客户的心理需求，既能引导客户把真实想法说出来，还能不伤客户的面子，同时还要巧妙地告诉客户低价和高质是无法两全的。

制造冲突的故事有两种，一种是讲美好故事，一种是讲恐怖故事。美好故事是告诉客户，有位客户因为舍得花更多的钱买到了更好的产品，生活品质有了很大的提高，正向鼓励客户要舍得用更多的钱买更好的产品。恐怖故事是告诉客户，有位客户因为贪便宜花低价买到了劣质产品，遭遇了一些惨痛经历，从反面让客户形成警惕。

第三，描述能给客户创造画面感。如果故事描述能够给客户创造画面感，那么打动客户就不在话下了。在生活中跟朋友讲故事，通常会有时间、地点、人物、经过、结果的细节描述，但是在销售中跟客户讲故事不一样，因为客户不会留出太多时间听销售员讲一个"很久很久以前"的故事。所以，销售员应当明确自己讲故事的目的是什么，然后将一件看起来很复杂的事情用一个词或者一句话概括出精髓。

通过描述引导客户进入情境想象、产生画面感不是一件容易的事情，需要销售员能够讲述生活中的场景，语言功底要求比较深。而且，那些不热爱生活、不懂得感性销售的销售员很难完成这项工作。"我们卖的不是牛排，而是牛排的吱吱响。"这句话就很有画面感。"牛排的吱吱响"是一种听觉刺激，还能引起我们的视觉联想、味觉联想，甚至还有嗅觉联想，这就是创造画面感的作用。

如果你的故事能够满足以上三个特征，那么就可以说是具有一定的共鸣性，能够让客户感动。

互动性：向客户提问来增加互动性

如果销售员自己侃侃而谈，而客户在一旁插不上话，这完全算不上一个成功的销售。一个好故事一定是具有互动性的，是一个你来我往的交流过程。主动向客户提问是形成有效互动、发掘客户需求、争取客户注意力和时间的有效方法。在引导客户讲自己的故事方面，提问的作用是巨大的。

美国著名的保险销售顾问弗兰克·贝特格 (Frank Bettger) 曾提醒销售员说："最好不要打断客户的话，一定要静下心来等待。耐心等待说话的机会，巧妙地利用提问，让客户停下来与你说话。成功的销售最为关键的是巧妙提问。"

雷安是中国平安保险公司的一名销售经理，他曾有一个名叫姜东元的客户，是一个成功的企业家。在见到雷安之前，姜东元对推销员的态度永远是：离他们远点。为了拿下姜东元这个客户，雷安可谓是费尽心思。

有一天，雷安终于作足了准备，决定去和姜东元面谈一次。见面后，雷安很有礼貌地说："姜先生，您好，我是中国平安保险公司的销售经理雷安，是您的朋友吴迪先生介绍我过来的。"说完便把准备好的吴迪先生亲笔签名的名片递给了他。

姜东元一听是一个推销员，脸立即拉了下来，瞥了那张名片一眼就把它扔在了桌子上，不耐烦地说："又是一个推销员。"雷安顺势说："是的……"姜东元有点抱怨地说："你已经是今天第四个推销员了。拜托你们，我真的还有很多事要做，不可能花时间听你们这些推销员胡言乱语。"

雷安还没来得及进一步说明情况就被姜东元打断了。听了姜东元抱怨的话，雷安并没有就此退缩，接着又说了一句话："我今天来只打扰您两分钟，请允许我作个自我介绍就行。我这次来只是想和您约一下明天的时间。您看是上午还是下午？您只要给我 20 分钟就够了。"姜东元依然表现得很不耐烦，说："我说过了，我很忙，有很多事要做，根本没有时间。"

面对姜东元的一再拒绝，雷安仍然没有退却，并且用了整整一分钟的时间仔细看了姜东元放在地上的产品，然后指着它们说："这些产品都是您公司生产的吗？"姜东元一脸不屑地说："是啊。"

雷安虽然感觉到姜东元很不耐烦，但没有理会他的情绪，接着问道："您做这一行多长时间了？"姜东元的声音稍微有了一些缓和，回答说："快20 年了。"

雷安接着又问："您为什么选择做这一行呢？"这时，姜东元神态缓和了很多，仰身靠在椅背上，语重心长地说："这可说来话长了。我 17 岁就开始从事这一行，在一家工厂没日没夜地干了整整 10 年，后来就自己开了现在这家公司。"

雷安一听，心中暗喜，说明他的这句提问起作用了，已经不知不觉激起了姜东元说话的欲望。接着，雷安继续问道："您是北京本地人吗？"姜东元的怒气这时已经完全消失，回答说："不是，我老家在山东。"

雷安又问："那您肯定是年龄不大的时候就离家了吧？"

姜东元听到这儿，开始回忆自己的艰辛历程，说："我从 14 岁就离开了家，曾在上海待过一阵，后来又辗转来到了北京，之后就一直待在这儿了。"

雷安顺势问道："那您出来开拓事业一定受到家里资助了吧？"

此时，姜东元已经面带微笑了，很自豪地说："我家庭条件不好，家里不能给我提供帮助，我完全是白手起家靠自己干到现在。如今，我的公司市值已经达到 2 000 多万元了呢。"

雷安接着说："我认为这些产品的生产过程肯定是很有意思的，我能不能亲眼看一看呀？"姜东元站起来走到雷安身边，说："没问题！我为自己的产品感到骄傲。我相信我们公司的这些产品在市场上是最好的。走吧，我现在就带你到工厂走走，去看看这些产品是怎么制造出来的。"然后，姜东元把手搭在雷安的肩膀上，陪着他一起去参观公司的工厂。

虽然雷安成功地与姜东元打开了交流的局面，但是第一次和姜东元见面，雷安并没有向他推销任何保险。然而在以后的几年里，雷安向姜东元卖出了 10 多份保险，还向他的亲戚们卖出了 10 多份保险。在与姜东元的交往中，雷安不但从姜东元那儿挣了不少钱，还和姜东元成了好朋友。

雷安面对姜东元这样一个非常难搞定的客户，通过巧妙的提问引导他讲述自己的经历故事，拉近了双方的距离，最终促成了销售。所以，销售员应该了解提问对增强互动、拉近双方距离的重要作用。

再看一个通过提问引导客户讲故事、挖掘客户需求的案例。

周丹是一个联想笔记本电脑专卖店的销售员。这天，有位中年妇女王女士走了进来。

周丹："姐姐，看电脑？您想要什么配置的？"

王女士："我自己看看。"

周丹："您打算花多少钱买？"

王女士："先看看再说吧。"

周丹又问："姐姐，您买电脑干什么用？"

这回，王女士终于打开了话匣子："给我儿子用，我儿子上大学了，很多作业要用电脑做。"

"您儿子都上大学了？可是您看上去很年轻呀！"周丹做出惊讶的表情。听到这里，王女士开心地笑起来。

周丹笑着问道："您儿子在哪儿上大学呢？"

王女士自豪地说："在河北大学。"

"河北大学？您儿子太有出息了，能上河北大学，将来一定能找一份好工作。"周丹羡慕地说。

"还行。"王女士谦虚地说，但掩饰不住内心的自豪。

周丹继续问道："这么棒的儿子，您想给他买一个什么样的电脑？"

王女士说："我也不知道，我不太懂电脑。"

周丹想了一下说："买这台吧，这是最新款的电脑，配置非常好，3G内存、双核……而且，这款电脑非常结实，适合男孩子使用。另外还有三年保修期，坏了免费上门修理。"周丹详细地介绍着配置。

"多少钱？"王女士问。

"5 600元。"周丹回答。

王女士又问："这个配置适合我儿子用吗？"

周丹回答："非常适合。这是当前市场最高的配置了，用很多年都不会过时。我们这里还有一些价格低的旧款，配置不如这一款高，您儿子应当不会喜欢，因为过一段时间，新软件就不能用了。"

最后，王女士高高兴兴地买下了 5 600 元的电脑。

通过上述案例，我们发现提问可以引导客户讲故事，从而有效挖掘客户需求。销售员与客户在沟通过程中，提问方式一般有两种，一种是开放式问题，一种是封闭式问题。

开放式问题是指提出宽泛的、对回答内容不限制的问题（见图2-3）。开放式问题能够让回答者更畅快地表达自己的想法，但是可能会出现跑题现象。销售员可以通过适当的开放式提问来引导客户敞开心扉。开放式问题能使客户详述你所不知道的情况。例如，您可以问："小姐，您打开电脑时，发生了什么情况？"这常常是为客户服务时最先问的问题，提这个问题可以获得更多的细节。"为什么……""什么……""……怎么样""……如何"等问句是典型的开放式问题。

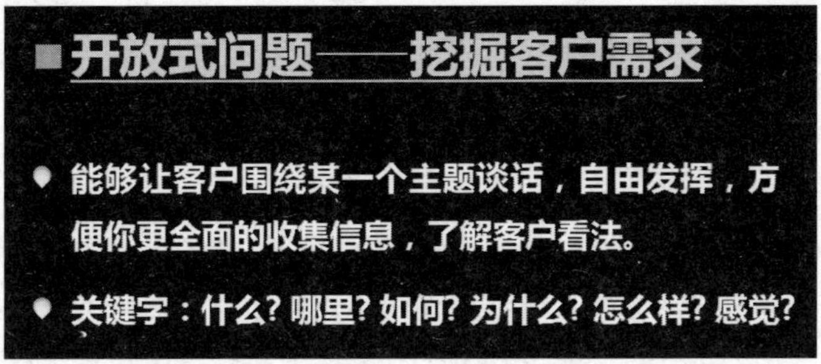

■**开放式问题——挖掘客户需求**

● 能够让客户围绕某一个主题谈话，自由发挥，方便你更全面的收集信息，了解客户看法。

● 关键字：什么? 哪里? 如何? 为什么? 怎么样? 感觉?

图 2-3　开放式问题

封闭式问题是让客户回答"是"或"否"的提问方式（见图2-4），目的是确认某种事实、客户的观点、希望或反映的情况。封闭式问题可以帮助销售员更快地发现问题，找出问题的症结所在。例如："小姐，当电脑出问题时，您是让它开着还是关着？"这个问题是让客户回答是"开"

还是"关"。如果没有得到回答，还应该继续问一些其他的问题，从而确认问题的所在。

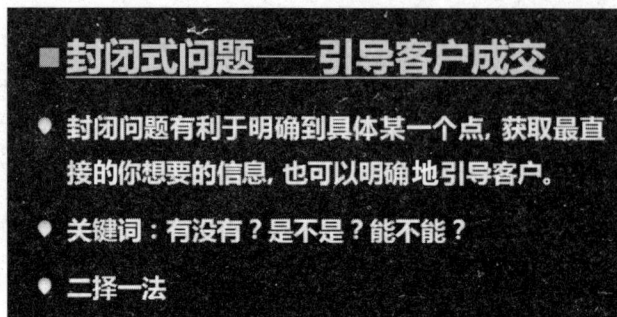

图 2-4 封闭式问题

互动与沟通是销售员了解客户想法、意见最简单的方法。无论是向客户讲故事，还是引导客户讲故事，都必须进行互动与沟通，而提问便可以实现这一目的。

顿悟性：客户领会并帮你实现你的意图

销售员刚刚进入公司或者在公司推出新产品时，都会接受产品培训。在这个过程中，产品经理或者技术人员会向大家解释清楚公司的产品是什么，有什么特点和功能，还会告诉销售员这些产品是针对什么人群设计的。假设这个培训做得很好，销售员都听懂了，那么意味着销售员理解了自己销售的产品。但是，在这种情况下，销售员就可以保证能很好地销售这些产品吗？答案是否定的。

钱森刚刚进入一家通信设备制造企业从事销售工作，公司生产各种各样技术复杂的通信设备。到公司后，技术工程师给大家做了三天的产品培训，钱森是学通信专业的，对于技术工程师的讲解都能听懂。然而，真正给客户讲解的时候，钱森却说不出来或者说出来的东西非常枯燥，无法引起客户的兴趣。

钱森的问题，很多销售员也都遇到过，就是自身具备了产品知识，但是不能让客户理解。造成这种问题的原因主要有两个：一是销售员使用的语言枯燥，客户不感兴趣；二是销售员使用的语言客户听不懂。通过一个故事将复杂的原理转化成对客户的利益，往往可以解决这个问题。

刘虎是科达饮料灌装成套设备公司的销售员，其潜在客户燕京啤酒公司的情况是：企业目前有两条3 500瓶/小时的生产线，使用年限都超过五年，设备频繁出故障，而且产能较低，在旺季供不应求。公司决定更新生产线。

某日，刘虎拜访了燕京啤酒公司主管设备的杨总。

刘虎："杨总，听说咱们公司目前有两条生产线，使用都有五年以上了，是吗？"

杨总："是这样的，一条使用5年了，一条使用6年了。"

刘虎："国产生产线一般都使用4或5年就到期了，咱们公司没有考虑过更换这两条生产线吗？"

杨总："哎，是应该换了，可是上面没有批下预算，只能先这样了，毕竟还没有到非换不可的地步。"

刘虎："是这样呀，我有一个客户跟您公司的情况很像呢。"

杨总："是吗？那是怎么回事？"

刘虎："他们公司的生产线也是刚刚用过五年，设备毕竟老了，偶尔会出问题，修过好几次了。淡季还好点，旺季的时候就非常麻烦，经常维修停产，影响运营。就拿去年来说，旺季停产累计15天，企业一天的损失就有20万元。就是设备正常运转的情况下，在旺季还供不应求，更不要说是设备出问题了。有些客户甚至放弃了他们公司，选择了竞争对手，企业名声也不好了……有一就有二，当他们发现客户正在逐渐流失，才意识到更换生产线的重要性。这不，今年年初他们换上了我们公司的设备，生产效率提高了很多，前两天还打电话对我表示感谢呢。"

杨总："可以详细介绍一下你们的设备吗？"

刘虎："当然可以，科达是国内领先的灌装设备制造商，设备运转高速，每小时灌装5 800瓶，可以解决贵公司旺季产量少的问题；同时操作方便：全系统自动化控制，降低了人工成本；功能还多样：共包装七种不同瓶型，换瓶型时都不用停运，避免了停产损失。"

杨总："不错，不仅可以提高旺季产量，又可以包装多种产品，这正是我们公司想要的……我这就向上级申请经费预算。"

刘虎在向杨总推销设备的时候，如果单纯讲解设备的各项指标、功能，恐怕不会引起杨总的兴趣，最终的结果就是被敷衍过去。而刘虎通过一个老客户的故事让杨总认识到生产线不及时更换的危害以及及时更换设备的好处，于是杨总表示要向上级申请经费预算，成交的可能性非常大。

要想将自身拥有的产品知识转化成客户利益，让客户领会自己表达的意思并帮自己实现意图，首先需要深入了解客户，学会从客户的视角看问题。下面再看一个销售案例。

韩志成是一位单身男士，在深圳工作，租住一间小公寓。中午的时候，韩志成会在公司用工作餐，晚上通常会在住所周围的小餐馆用餐，偶尔也会自己煮点面条。

这天，韩志成抽空去逛商场。突然，一位讲解员冲到他面前，非常兴奋地把他拉到一个产品前："请您来看看我们最新推出的一款机器人厨师，它是中国最好的机器人厨师，配有世界上最先进的 P4 芯片，里面存储了 8 万种菜谱。它拥有两箱三灶，并有无线遥控功能。这个机器人厨师由美国著名机械师亨利设计，它的外壳使用 FA 材料制作，功率只有 800 瓦……它的售价是 58 800 元，现在我们做活动，只售 38 800 元。"

很容易猜到，韩志成听到这番产品介绍，没有任何理会便转身去了别处。等韩志成从商场里出来，已完全忘记了讲解员说过的话。

现在，我们来看看这段沟通为什么没有打动韩志成。首先，韩志成是一个单身男士，似乎并不需要一个家庭厨师，所以对讲解员说的话不感兴趣。因此，无论这位家庭厨师多么先进，韩志成都认为和自己没关系。

其次，这位讲解员说的很多话，包括韩志成在内的大多数非专业人士根本听不懂。我们不知道什么是 P4 芯片，也不知道什么是两箱三灶，更不知道什么是 FA 材料。

对于一个既没兴趣、也没搞懂是什么的东西，谁会花钱购买呢？因此，销售员仅有产品知识是无法与客户进行有效沟通的。对于大多数客户来说，没有接触过专业的产品知识，所以听不懂专业的产品介绍，这就要求销售员把它转化成客户听得懂的语言。

客户认识一件产品首先是从产品给自己带来的利益开始的。当客户看到一个机器人厨师时，首先关心的是自己是否需要机器人厨师。如果客户认为自己不需要，那么无论销售员接下来怎么说都不会引起客户的兴趣。

在实际销售过程中，有的客户确实也会关心产品的特点和技术性能，那是因为客户已经确定购买产品对他有好处了。这时候，客户了解这些技术性能，只是为了考察自己的利益是否能够实现。

销售员学习产品知识时是从其特点和技术性能开始的，大多还没有进行利益转化。这就导致很多销售员常常在客户还没有决定是否需要这个产品的时候，便大肆宣扬产品的技术如何先进、材料如何优质，结果只是白费了口舌。

客户购买产品是以利益为驱动的，客户认识产品也是从利益开始的，如果你不知道自己的产品能够给客户带来哪些利益，就难以和客户沟通。所以，在与客户沟通之前，想想客户为什么要购买你的产品，产品的特点和技术优势能给客户带来什么价值。然后，先通过一个故事让客户认识到产品的价值，再去讲技术优势和特点，这样的沟通才会有效。

如果那位机器人厨师的讲解员这样说："帅哥，还没结婚吧，想不想一下班，就有人给你准备好了美味的晚餐，就像拥有一个体贴的太太在家照顾你，但还不需要花钱养活她？看看这台机器人，两箱三灶，能够同时为你煮一份饭，做两个菜，烧一个汤，还能为你烤一份小点心……"这样，韩志成是不是会有兴趣了解一下？

情景测试：客户对产品不信任，怎么讲

客户对产品不信任是一种很正常的现象。很多客户曾经遭遇过欺骗，或买来的东西不能满足期望，从而对所有产品都持有一种不信任的态度。信任是销售员与客户心与心之间的桥梁，只有建立信任，才能成交。

有些销售员在成交前遇到客户犹豫不决时，说："我们的产品保证质量，您使用后一定还会再来的。"但是简简单单一句话就能让客户成交吗？对有经验的客户来说，这可以说只是一个口号，如果产品真的出了问题，这句话解决不了什么。

下面我们一起来看手机店销售员徐亮是如何解决客户不信任产品的问题的。

杨光和同学去一家手机店买手机，看上了一款华为手机，觉得款式和配置都比较满意。等到交钱时，杨光反复向徐亮核实一些信息，甚至要让徐亮把一些承诺写下来。

徐亮一看这种情况，就知道杨光曾经被骗过。询问得知，去年杨光在一家手机店买手机，销售员拿次品当优品去卖，当杨光发现后回去找那位销售员，销售员完全不承认自己说过的话。

针对这种情况，徐亮说："你看我们店的装修和规模，如果像您想的那样以次充好，早就要倒闭了，怎么还会经营得这么好。这是我们店的客户记录，上面有客户名字、家庭地址和购买的手机型号。昨天我们的老客户李女士还带朋友过来买手机了呢，您说的写承诺书也没什么问题，我会把能承诺的内容写到里面，如果还不放心您也可以录音。"

杨光一听，打消了自己的顾虑，果断买下手机，也没有让徐亮写承诺条款，可徐亮执意要写，写好后还给杨光一一讲解。后来，有四五个同学都是通过杨光的推荐专门来这个店里买手机。

通过徐亮的案例可以知道，客户对产品不信任时，故事可以这样讲。

首先，告诉客户："现在我们公司的客户构成，老客户已经达到了40%。如果我们的产品不过关，这些老客户不会再购买我们公司的产品。

我们公司做的就是口碑积累，现在我们公司的产品销量一直都保持稳定上升。如果只开发新客户的话，不可能达到这种效果。"

其次，向客户展示一些数据。真实的数据可以让客户真切感受到老客户比较多。这种数据都是平时积累下来的，因此销售员平时要做好客户的购买记录工作，尽量多留一些客户的个人信息，以增加数据的可信度。

第三，给客户一一讲解售后服务的具体条款。在讲解过程中，客户对公司产品会更加信任。因为产品不达标的公司，销售员是没有勇气这么做的。另外，销售员还可以列举老客户享受售后服务的例子，让客户感到这个公司的产品以及售后服务确实可信。

事实上，在介绍产品的时候，销售员就能够通过一些技巧消除客户的不信任。大部分销售员介绍产品时都会不自觉地说自己产品的质量如何好、如何过硬。想想也是，哪个销售员愿意说出产品的缺陷呢，万一把客户吓走了呢。于是，刻意掩盖产品的不足，夸大产品的优势，成为一种商业共性。

然而，任何产品都不是完美的，不可避免会出现一些小问题。销售员为了让客户购买产品而强调产品的质量，无可厚非。然而，适当承认产品的一些不足，也许会取得意想不到的效果。

陈斌是一家布料加工厂的销售员，这天，一服装厂的采购经理付国强向他咨询工厂里生产的一款针织提花布面料。通过简单的交流后，陈斌确定付先生需要找的这款面料仓库有现货，于是，陈斌做了报价单传真过去。付先生对于价格比较满意，说第二天来厂里看货，先小批量购买一些，如果产品确实没问题的话，再大批量采购。

第二天一大早，付先生就到厂里了。付先生说："因为这批货要得比较急，虽然花型有一定的差别，我们还是选择了你们能够提供的现货。"

付先生问陈斌："这批货的质量怎样？"

陈斌回答："这批货是我们一家合作了好多年的老客户做的订单，用于出口美国，可达到欧美标准。但是，因是涤纶加光丝做的，所以，偶尔会有钩丝的情况，大概平均下来一条布有两到三处吧，您看能不能接受。"这时，仓库人员已经把几条布样拿出来了，一去查布机检查，四条布中有两条出现了钩丝情况，但对面料的使用不会带来明显的影响。

回到办公室，付先生面带微笑地对陈斌说："本来我们这次过来只打算先带样布回去试样的，但是，你的诚实打动了我，我相信质量一定是没问题的，这批货要得比较急，等一下我让车过来直接把货带到广州。希望我们以后有更多的机会合作！"

无论销售员多么优秀，他必须承认，产品既有优点也有缺点。在销售过程中，为了尽快成交，一些销售员会把产品的优势说得天花乱坠，但是对于产品固有的缺点往往闭口不提。在这种情况下，如果客户发现真相，即使销售员再作多少解释，也很难挽回客户的信任。

当然，向客户坦陈产品的不足不是简简单单将产品的所有问题都罗列在客户面前。向客户坦陈产品的不足之处也是需要技巧的。

第一，坦诚告知客户产品可能存在的风险。销售员有时候担心把产品介绍得太详细会降低客户的购买热情，所以总是躲躲闪闪，希望客户不要去注意产品中的问题。实际上，这样的做法是非常愚蠢的，除非你想做一锤子买卖。

有的产品确实存在一定的风险性，所以，销售员应当跟客户说明这些风险，切实保证客户的利益安全，让客户感受到你在关心他的利益安全，而不是只想着他的钱。坦诚告知客户关于产品的一切，不仅是优点，而且还包括可能出现的问题，并提醒客户注意，这才是真正高明的销售方法。

第二，主动说出一些小问题。从来就没有完美无缺的产品，客户都明白这一点。如果销售员自始至终只提产品的优势，而对产品的不足绝口不提，那么客户不仅不会相信产品，反而会产生更多疑虑。客户可能会主动询问，也可能会在心里暗自猜疑。为了打消客户的疑虑，销售员应当主动说出一些有关产品不足的问题。说这些问题的时候，态度一定要认真，让客户觉得你足够诚恳，但是这些问题一定是无碍大局的，对方可以接受的。当销售员主动将产品存在的问题说出来之后，客户就会认为你是值得信赖的。

需要注意的是，对于客户的顾虑，销售员不是对任何事情都要实话实说。有些问题虽然可以说出，但不能全部说出；有些问题是不能说或者不能如实说的，如商业机密等。关于这些不能说出或者不好说出的问题，销售员一定要格外注意，不要为了博得客户的一时高兴就信口开河。

第三章

为客户讲故事的五大流程

销售员为客户讲故事要遵循 SHARE 模型。S 即 situation，故事背景；H 即 hindrances，阻力；A 即 actions，行动；R 即 results，结果；E 即 evaluation，评价。在用 SHARE 模型为客户讲故事的时候，应当用生动形象的语言将五大流程串联成一个整体，给客户的印象越深越好。

故事背景：为什么会有这个故事

销售员为客户讲故事一般有两种情况：一种是通过品牌故事达到让客户接受本品牌的目的；一种是通过个人或其他客户的隐喻故事让客户的潜意识接受故事中的隐藏指令，进而改变信念和行为。

首先讲品牌故事的故事背景。一个优秀的品牌故事是可以穿越时空、常驻人心的。比如，OLAY（玉兰油）的爱情故事；哈兰·山德士上校65岁艰苦创业，造就肯德基的故事；海尔创始人张瑞敏怒砸72台海尔冰箱的故事等。

一个品牌故事应该包括了所有故事的共同特征：什么时候，在哪儿，为什么发生这件事。作为品牌故事，必须指出品牌最初被塑造的原因，即故事主角遇到了什么样的问题和机遇，这就是品牌故事的故事背景。从当前的品牌故事来看，故事背景大概分为以下四类。

版本 1：发生创伤导致创始人对现状不满

这个版本是非常常见的。比如，创始人或者他的爱人被烧伤或遇到某种疾病等，但是市场上的产品都不好，所以创始人研制了某种产品改变了现状。接着创始人就灵机一动，创造了某个品牌，后来逐步拓展产品线。OLAY、三个爸爸等品牌故事的故事背景都是这一种。

版本 2：创始人受到环境启发

欧美很多天然品牌的故事背景都是这种逻辑。创始人家里可能有一个薰衣草庄园、葡萄庄园，后院有一株特殊植物或者家旁边有一个温泉等，然后创始人就受到这些事物的启发想做一个天然品牌。

版本 3：创始人对艺术的执着追求

大多数品牌的创业故事都是基于这种故事背景，包括苹果、小米等。因为创始人本身有惊人的天赋，基于灵感创造了一个品牌，然后通过执着的追求，最终研制出艺术与功能相结合的产品，改变了人类的生活。

版本 4：阴错阳差

有少部分品牌就是阴错阳差、误打误撞建立起来的，比如马应龙药业、乐蜂网等。以乐蜂网为例，创始人李静本身是知名电视人，认识很多时尚界达人，包括林青霞的御用造型师梅琳、大小 S 的御用造型师小 P 等。大家私下遇见的时候，李静总是习惯性地与他们谈论美容之道。直到有一天，梅琳对李静说"你也能做中国的玛莎"，当时的李静并不知道玛莎是谁。后来，李静从玛莎做餐饮到写畅销书到做电视节目的事业路线中感悟到，做主持人的自己可以借助内容平台的影响力去建立新的品牌，甚至进军零售业。

后来，红杉资本中国创始和执行合伙人沈南鹏找到李静，表示愿意投资她构建化妆品自有品牌。于是，李静以自己的节目内容为支撑，聚合与自己相熟的时尚界达人，以乐蜂网为平台开创了化妆品、护肤品自有品牌，进军电子商务领域。

下面看隐喻故事的故事背景。销售员讲隐喻故事的关键不在于故事本身，而在于是否应时、应地、应情、应景、应人、应事。因为隐喻故事的本质是横贯整个销售过程的销售话术，所以隐喻故事的背景要与销售阶段相匹配。

开场阶段：这一阶段的故事应当用来引发客户好奇心。故事背景可以是："90%以上的客户都认为我们的汽车并不是市面上最好的，但他们还是一买再买还推荐朋友买，这是为什么呢？"通过故事背景描述引发客户的兴趣后，接下来就可以讲故事的主要内容了。

产品介绍阶段：这一阶段的故事需要让客户注意到产品特征、优点、益处、证据（即 FABE 销售法），如图 3-1 所示。

F	特征	产品或服务的特质、特性，一种客观描述，不含情绪	由竹木纤维、铝合金高温打压而成
A	优点	产品或服务究竟有哪些优点、功能	不含甲醛，即装即住，施工快
B	益处	产品能为客户带来什么好处	直接入住，没有污染
E	证据	用证据、事实证明	有国家检测报告，可以用测试仪检测

图 3-1 FABE 销售法

例如，汽车销售员可以将曾经某位客户对汽车的评价作为故事背景讲出来："上次有位客户刚刚从非洲大草原旅游回来就来我们这里看车，他说这款车就像非洲犀牛一样，外形雄壮，动力强劲，开出去不仅有面子，还会有非洲犀牛奔跑一样的驾驶快感，这堪比法拉利引擎的轰鸣，厚重无比的关门声都让他着迷……"然后再具体讲述那位客户与这款汽车之间的故事。

处理异议阶段：一般情况下，当客户有异议的时候，销售员会讲述一个与当前客户有相同异议的老客户案例。这时故事背景就是：曾经有一位客户出现异议，与当前的情形相同。比如说："曾经有一位客户跟您一样，也是不相信我们的售后服务能让他满意……"

成交阶段：这一阶段的故事要有针对性地消除客户最后的抗拒点，常引用正面成交故事或者反面未成交故事。如果是正面成交故事，故事背景就是对客户的正面描述，以促使客户模仿。比如说："我曾经有一位客户特别宠爱他的妻子，只要是妻子喜欢的，他都会尽可能满足……"，然后给出故事的后续发展，这样的故事对于夫妻客户有很好的激将作用。

如果是反面未成交故事，故事背景应当是销售员对不理想客户的描述。比如说："曾经有一位客户，经济条件也不差，就是爱贪便宜，总认为我们销售员会坑他的钱……"然后给出故事的后续发展，一般是因为不成交或者成交少而发生了不好的结果。这样的故事可以对客户有警示效应。

阻力：阻力越大越好

讲述客户在购买过程中遇到的阻力是讲故事的第二个环节。在购买过程中，客户可能遇到来自自身与外界的双重阻力。

销售员挖空心思，试图引导客户进行购买行动，实际上失败率很高，主要原因就是没有彻底说服所有参与者，包括客户以及客户的家属、朋友等。在购买行动之前，客户遇到的阻力包括六个层面，如图 3-2 所示。销售员需要认识层层阻力，才能讲一个有说服力的故事。

第一层阻力：对问题不认同

比如，保险推销员想方设法让客户意识到生活中的未知因素太多，应当提前防范风险。而客户是一个乐观主义者，而且生活中从来没有发生过意外，所以认为不需要防范风险。这种客户与销售员在问题上的不一致看法就属于第一层阻力。

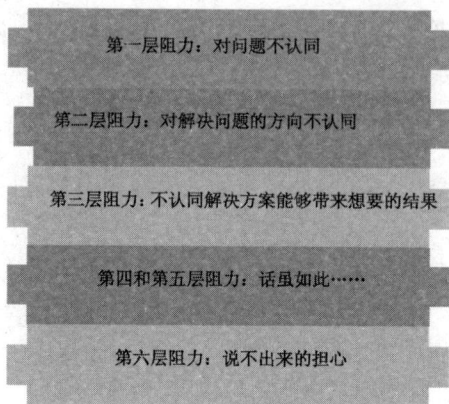

图 3-2　客户遇到的阻力

第二层阻力：对解决问题的方向不认同

即便客户认同生活中有很多未知因素、应当提前防范风险的看法，也不一定会如销售员所愿购买保险。客户可能会说："银行比保险公司更可靠，我宁愿把自己的钱存在银行，也不愿意把钱放在保险公司里。"这种认同销售员提出的核心问题，但是不接受销售员提供的解决方案的阻力就是对解决问题的方向不认同的阻力。

第三层阻力：不认同解决方案能够带来想要的结果

销售员提出的解决方案必须使用令人信服的逻辑，说明白方案的每一个部分，如何能够克服在第一层面指出的问题：征兆及根本起因。然而，客户可能意识到了问题的严重性，但是不相信销售员提出的解决方案可以很好地解决问题。拿保险来说，就算客户相信未来有可能发生不可预测的重大变故，但是认为保险也解决不了根本问题，有没有保险并没有太大的改变。

第四和第五层阻力：话虽如此……

针对重大问题所采取的购买行动,客户会十分慎重,这是很正常的现象。通常,在这样的时间点,客户会给出两种类型的"话虽如此"。

第四层阻力是指出实施解决方案可能导致的负面后果

例如,对于购买保险,客户可能会说:"话虽如此,假如我愿意购买保险,在我发生任何意外之前,我的钱就已经不够花了。"

第五层阻力是指出执行解决方案可能面临的障碍

例如, "话虽如此,购买保险是一个长期坚持的过程,我没有太多的耐心。"

第六层阻力：说不出来的担心

实际上,前面五层阻力即便基本上得到了克服,客户内心依然还是会有很多担心,所以不愿意采取购买行动。这是很正常的,对于客户来说,购买行动存在着许多不确定因素,恐惧感来源于未知和不确定。第六层阻力是大多数客户最终拒绝购买的原因之一。

认清阻力的六个层面,销售员在讲故事时就可以游刃有余。一般情况下,阻力越强,故事对客户的影响力就越大。

行动：采取了什么行动

给出主角采取的行动是讲故事的第三个环节。在销售员为客户讲述的故事里，主角采取的行动一般分为两种，一种是购买，一种是没有购买。

故事中主角采取的行动都是围绕这两种的。销售员讲故事时一般会将行动具体化，包括如何克服阻力采取了购买行动或者拒绝购买后的后续行动。销售员向客户讲故事时，应当将主角采取的行动描述得具体、简单。

例如，你不能仅仅说"×××最终参加了我的免费公开课"，而应该说"×××立即打电话给我，预订了周四晚上7～9点的公开课"。两者的效果是不同的，因为越是具体的描述越具有可信度，越容易被模仿。行动的描述一般借助"时间"去表达。可以用具体日期描述，如"2018年5月23日"，也可以用模糊化词汇表述，如"立即""随后"等。

除了讲故事以外，任何时候你跟客户沟通，都应当给出一个具体的行动指示。比如，你给客户发邮件，然后告诉客户应该做什么。第一种说法是"您只需要立即点击此处"；第二种说法是"请登录我的网站获取更多信息"。"点击此处"是个具体的动作，但"请登录我的网站"就不是了。"点击此处"是非常清楚的，更具体一些。如果你说"您只需要立即点击此处，以获取更多能帮助您提高效益的内部资料"，效果会更好一些。

综上所述，在描述行动的时候，销售员需要具体化。如果你花很多时间去销售，但在行动这个环节没有处理好，那可能会错过一些成交机会。

结果：要直观，尽量用数字或百分比表示

描述结果是讲故事的第四个环节。总体来看，结果只有两种，一种是好的，一种是坏的。对销售员来说，结果就是因为购买了产品而得到了好结果或者没有购买产品而得到了坏结果。

有句话说得好："销售员不是要卖产品，而是要卖结果。"产品越靠近客户想要的结果，客户就越容易采取行动。所以，销售员不应当纠缠于产品本身，而应当去关注产品背后的效果。

在讲故事的时候，销售员不需要刻意向客户背产品的"十大优势"，而是要关注客户的需求，突出主角在哪种行动下得到了哪种结果。比如，客户 2008 年在北京北三环看房，因为房价高而没有购买，到 2013 年就只能在北五环看了。2013 年本来可以在北五环买下一个六居室，但是又错过机会，到 2017 年迫不得已在北五环买下一个两居室。这种连续看房而不购买的行动最终导致了六居室变两居室的结果，对于同样犹豫的购房客户是很有说服力的。

学会如何描述好结果，描述坏结果从反面出发就行了。给客户一个明确的好结果，客户就会反馈一个明确的有利于购买的行动。那么，如何去描述明确的好结果呢？下面是三个操作方法，内容如下图 3-3 所示。

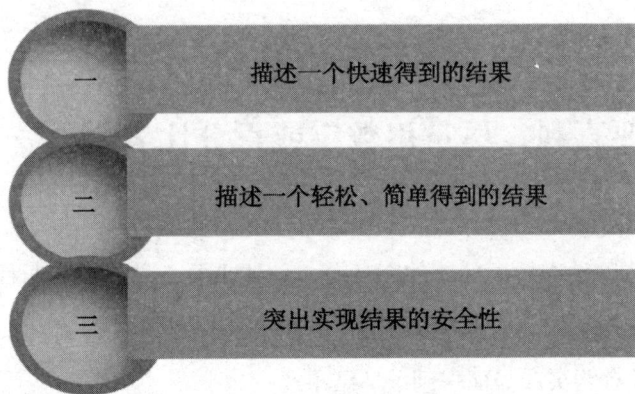

图 3-3　描述明确好结果的操作方法

第一，描述一个快速得到的结果。描述结果的时候，要突出实现结果的快速。比如：仅仅 21 天，×××的身材就恢复了原样，减去了 10 斤肥肉；一个月的时间，×××就脱离了近视；×××仅用了 10 天，就让她的男朋友回心转意，把第三者剔除掉等。

现代人要的是快速，每个人都希望能够快速得到成功，所以讲一个快速得到结果的故事是非常吸引人的。如果不是快速得到结果，客户就会失去兴趣，比如减肥要用 10 年，那么减肥对客户来说就变得没意义了。

第二，描述一个轻松、简单得到的结果。销售每减少一个流程，成交率就能提高 10%。比如说，一位七八十岁的老年人在商场买服装。服装在二楼，付款在一楼，改裤脚在三楼，那么他可能会因为麻烦而拒绝购买。如果你描述的结果很轻松、简单就能得到，那么客户购买的可能性就更大。比如这样说："我们的销售员会全程陪着您去修改，一会儿就可以处理完了。"

第三，突出实现结果的安全性。比如，"仅仅 21 天，×××的身材就恢复了原样，减去了 10 斤肥肉，而且没有反弹的迹象，血压、血糖等比从前更加正常了。""坚持使用这款纯植物面膜一个月后，×××的肤色亮白了一个度，而且非常有弹性。"

成交不是你要卖产品，而是客户要买结果。你要卖产品跟客户没有关系，但是客户想要的结果就与他有关系了。这就告诉销售员，在讲故事的过程中，故事中的结果对客户起着决定性的作用，要重视结果讲述。

评价：故事的启发

评价是讲故事的第五个环节，也是最后一个环节。给客户讲故事的目的是让客户产生购买的欲望，因此，所讲述的故事一定要具有启发性、鼓动性。到底要不要采取购买行动，在客户听了你的讲述之后，应当能够实实在在、清清楚楚地看到实际好处。

评价部分就是本着能够打消客户顾虑、为客户找到更多购买的理由、权衡各方利弊，促使客户作出正确决定的原则去说的。说到底，销售员如果不讲故事，想要灌输给客户的观点就是评价，比如"价格越来越高而且还将持续上涨，如果现在不买以后会追悔莫及""我建议您现在就购买，因为后期很可能会有名额限制""如果是我的话，我现在就会预订的"等。

需要注意的是，故事的启发要与销售员想要灌输给客户的评价观点相符，具有说服力，能够直接引起客户的购买欲望。

以上就是为客户讲故事的五大流程。下面一起看两种情景下销售员如何给客户讲故事。

情景测试 1：客户迟迟不下单，故事如何讲

在销售过程中，单子越大，签单越难。能够爽快下单的客户其实并不多，在讲了大量道理还是无效的情况下，我们只能通过故事来解决。

现在房价居高不下，这和 4 年前的感觉一样。一位二手房销售员遇到了一对 30 岁左右的年轻夫妻，男方叫周浩，女方叫周洁。他们看中了位于北京昌平天通苑的一套两居室，觉得 4 万元一平方米左右的房价有些偏高，想再等等。他们的理由很有趣："万一政策调控，房价降下来了呢？"

那这个故事，我们怎么讲呢？

故事背景：

（1）现在房价 4 万元一平方米左右。

（2）2005 年天通苑房价 2 650 元 / 平方米。

（3）近 12 年平均增速约 22%。

（4）有一家想买房的李阿姨及其女儿李莉。

阻力：

（1）认为房子不值这个钱。

（2）购房并不是刚性需求。

（3）李莉的父亲反对购买房子。

行动：

（1）不间断地看房。

（2）房子年年看，房价年年涨。

（3）就是不买。

结果：

（1）房价以6倍于银行存款利率的速度上涨。

（2）再也买不起了。

评价：

经济走势就是这样，再不购买追悔莫及。

作为二手房销售员，这个故事可以这样讲：

销售员孙辉："周姐，你猜，2005年这个小区的房价是多少？"

周洁："5 000元/平方米？"

销售员孙辉："2 650元/平方米，这是刚开盘时的房价。现在接近4万/平方米，我看了最近12年的房价走势，平均每年增长约为22%。"

周洁："这么快呀！"

销售员孙辉："我在2013年的时候，带过一个客户，叫李莉，她的母亲也姓李。她们从2008年开始看房子，当时房价还不到1万元/平方米呢。"

周洁："那么便宜！"

销售员孙辉："她们母女经常看房子，2008年在北三环看，2013年就只能在北五环看了。"

周洁："为啥呀？"

销售员孙辉："北三环的房价涨得太快，买不起了，只能在北五环看房了。在 2008 年的时候，李莉的父亲反对买房子，她们母女也不太坚持。我在 2013 年带她们看了 10 多套房子，但还是感觉价格有些高。后天李莉要结婚，不得已买了套 80 平方米的小两居室。"

周洁："确实涨得有些快。"

销售员孙辉："如果早下手的话，她们的钱在北三环能够买个大三居，在北五环能够买个六居室，六居室变两居室，你看这落差多大。我看你们和她们比较像，所以说了那么多。"

周洁："哪里像？"

销售员孙辉："都比较犹豫。"

最终周洁与周浩咬牙签了合同，尽管月供压力很大，但是他们觉得选择得对，因为同户型的房子三个月后的成交价高了接近 50 万元。

这个故事，在"行动""阻力"这两项用的是相反的行为。当然我们也可以换成另一种同向的行为。修改如下：

阻力：

（1）自己连首付都不够，还要向亲戚、朋友借。

（2）买了后，月供压力比较大，占据工资收入的 60%。

（3）张莉的父亲反对购买房子。

行动：

（1）连续、密集地看房。

（2）咬牙买了房子。

看了上面的例子以及修改的例子，我们发现，阻力、行动都可以根据需要进行切换，组合成不同的结局。

情景测试 2：客户不想付定金，故事怎么讲

对于很多产品来说，开单的第一步就是让客户预付定金，尤其是定制产品。只有客户预付了定金，公司才能派设计师为客户设计定制方案，然后进入原材料采购、产品生产、运输、交付等环节。然而，很多客户听到"定金"两个字的时候第一反应就是拒绝。面对这种困境，销售员应当怎么办呢？

下面看一个定制行业的销售员催客户付定金的失败案例。

销售员："您今天是来预付定金的吧？"

客户："不是的，我们对方案还不是特别满意，想要再修改一下。"

销售员："我们可以给您修改方案，但是需要您先预付定金。正好我们店里有个交定金享 8 折优惠的活动"。

客户："你们先做吧，钱一分钱都不会少你们。"

销售员："非常抱歉，您不先付定金的话，我们没办法为您上门测量，为您量身定制。"

客户："我怎么没听说过定制产品需要先预付定金啊。"

销售员："好吧，主要是现在预付定金可享受 8 折优惠呢！"

客户："问题是我对你们做的方案还不是很满意呢。"

销售员："因为您自己要增加项目，所以需要先预付定金我们才能给您做的。"

客户："我们公司购买了很多定制的产品，都没有预付定金。怎么你们什么都没有做就让我交定金，我肯定不交的。"

销售员："主要是我们有优惠。"

客户："我不差这点钱，不要你们的优惠。只要你们把方案做好了，材料到了我就可以付钱给你们。"

销售员垂头丧气，再也无力说服客户预交定金了。

在这个案例中，销售员没有告诉客户预付定金是整个定制行业的特点，不是自己公司的特殊行为。而且销售员在要求客户预付定金时态度不够坚决，除了提及预付定金可以享受 8 折优惠之外，没有使用其他方法说服客户，最后失败了。

如果销售员不是上来就直接说出自己的优惠政策，而是选择跟客户站在一起，在与客户交流的过程中，抓住机会向上级要求价格折扣的话，效果会大大不同。比如，销售员应当说："店长，我跟李哥认识了很长时间了，能不能把上个月的那个预交定金的优惠政策给李哥一个？"此时，销售员与店长之间打一个配合，帮助客户争取利益，更容易赢得客户的好感。

面对客户不愿意预交定金，故事应当怎么讲呢？

故事背景：

（1）预付定金是整个定制行业的特点。付定金相当于签订了购买合同，只有拿到定金公司才能生产。如果客户拒绝预交定金相当于单子还存在不确定性，公司的设计师是不会上门提供定制服务的。

（2）本地客户订了 18 000 元的光缆，说是财务出差了，定金晚一些再付，要求先生产。

阻力：

财务紧张、价格高、数量不对等。

行动：

毁约，不付定金，拒绝收货。

结果：

定制产品无法卖出去，损失 18 000 元的订单。

评价：

如果不付定金就不应当安排生产，不管客户以什么原因，否则给公司带来惨重损失。

要求客户预付定金时，销售员应当这样说："王哥，您知道为什么我们做电线电缆的公司要让客户预付定金吗？"

王经理："为什么呀？"

销售员："是这样的，我们定制行业与标准化产品不同，由于定制产品针对客户量身定制，一旦下单生产了，客户对方案或者产品不满意，那么这套方案或者产品就只能作废。而标准化产品就不一样了，如果客户要求退单的话，只要产品没有任何破损，商家还可以进行二次销售，不会有太大的损失。所以，定制行业需要预付定金，一方面是表明了客户的购买诚意，另一方面也是对商家利益的一种基本保障。"

王经理："尽管如此，应当也是有人不愿意预付定金的，毕竟还没有看到产品。"

销售员："您说的对，前一段时间，就有一个新客户订了 18 000 元的光缆，因为是附近的，他还说财务出差了，晚一些时候再付定金，让我们先生产，我们就把光缆生产出来了，结果您猜怎么着？"

王经理："该不会是不要了吧！"

销售员："就是呀，人家说是价格高了，而且领导说数量不是这样的了。我问他那你盖了合同章啊，他居然说那合同章是用电脑做的，生生让我吃了一个大亏。18 000 元的单子丢了不说，还浪费了大量人力物力。"

王经理："就当是吃一堑长一智吧，放心，咱们的合作不会有变，明天我就让财务把定金打过来。"

面对客户不愿意预交定金，故事还可以这样讲：

故事背景：

1. 预付定金是整个定制行业的特点。付定金相当于签订了购买合同，只有拿到定金公司才能生产。如果客户拒绝预交定金相当于单子还存在不确定性，公司的设计师是不会上门提供定制服务的。

2. 本地客户订了 18 000 元的光缆。

阻力：

说是财务出差了，定金晚一些再付，要求先生产。

行动：

拒绝生产。

结果：

避免了客户毁约导致的产品无法卖出去的风险。

评价：

如果不付定金就不应当安排生产，不管客户以什么原因，只有这样才能保证公司的利益，避免损失。

第二种讲故事的方法表明了要求客户预付定金时的坚决态度，即不交定金就不生产，对于说服客户预付定金也是非常有效的。

第四章

主题故事，正能量与共鸣的交响乐

主题故事不一定是惊天动地的大故事，有可能只是在平凡的工作和生活中发现的传递人间真善美的小故事，也能凝聚成一股积极向上的正能量，引起大家的共鸣。主题故事有很多种，主要包括以爱情为主题的故事、以理想为主题的故事、以事业为主题的故事、以品质为主题的故事、以创业为主题的故事、以生命为主题的故事等。

爱情：为了爱情不断付出，因为没车没房被抛弃

爱情是一个永恒的话题，对大家有天生的吸引力。无论是企业营销还是产品销售，通过爱情故事打动客户往往可以取得非常好的效果。

达贝妮（Benny Da）是中国"80后"美女 CEO，曾经被誉为"淘宝女王"，是中国互联网拍卖平台捧出的第一个明星。达贝妮大学毕业后曾创建中国第一个视频搜索网站 Pcpie，并担任 CEO。之后，达贝妮又在国外创建了个人珠宝品牌 Benny Da 和 Secret Love，以及 Love by Secret Love。2013 年，达贝妮和香港著名奢侈品零售集团以及法国时尚教母 Maria Luisa 联合创立了亚洲最大的奢侈品在线零售网站 Sohonow 和 P-plus。

截至 2017 年，在电商界大咖如雨后春笋般涌现的情况下，达贝妮依然凭借着自己的女王气场和实力稳坐"时尚女王"的宝座。

达贝妮的第一次创业是开淘宝店，她是香港米兰站"爱的天国 Benny Doll's"淘宝店铺的店主。达贝妮的店铺主要售卖顶级豪宅、名车、CD 等价值上百万甚至上亿的奢侈品。

达贝妮的店铺之所以迅速火了起来，很大一部分原因在于她为自己店铺的所有产品介绍都写了一段缠绵悱恻的爱情故事。"为了爱情不断付出，因为没车没房被抛弃""第三者的故事""偷偷来了又静静走了"等标题的背后是汽车、项链、耳环等，累计访问量超过 100 万次。以口红为例，达贝妮讲过的故事有"男朋友给我买了 100 支口红""你口红一定很贵吧，为什么男朋友从来不送"等（见图 4-1）。

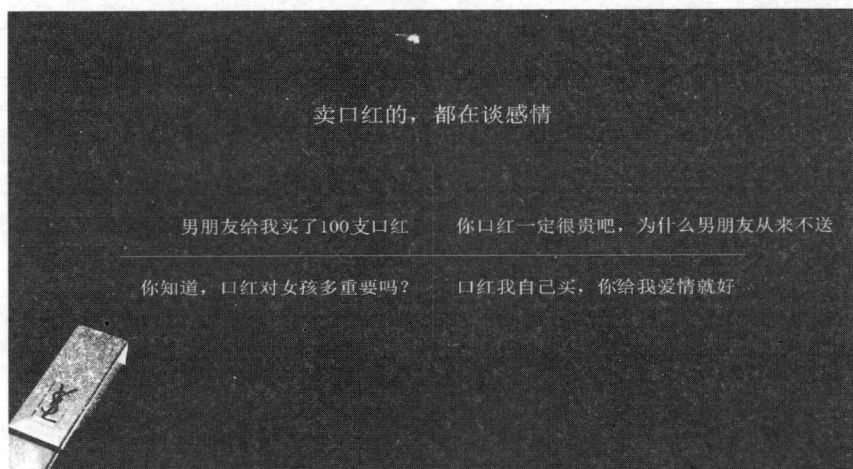

卖口红的，都在谈感情

男朋友给我买了100支口红　　你口红一定很贵吧，为什么男朋友从来不送

你知道，口红对女孩多重要吗？　　口红我自己买，你给我爱情就好

图 4-1　达贝妮给口红讲过的故事

在网友的推动和传播下，达贝妮几乎成为明星一般的存在。顶级名牌、豪宅、跑车等再加上痛彻心扉的爱情故事，让达贝妮的淘宝店成为淘宝上"最牛的店铺"。

下面一起看丝巾销售员徐晨如何通过讲爱情故事卖出最贵的玫瑰丝巾。

白一涵去一家商场打算为女友买一条丝巾作为生日礼物，但是他从来没买过丝巾。白一涵怀着几分新奇来到了丝巾店。

白一涵："我想挑选一条丝巾送给女朋友，但是又不太懂，听说买丝巾有很多讲究的，您可以给我一些建议吗？"

销售员徐晨："很高兴为您服务！请问，您女朋友平时喜欢穿什么风格的衣服？还有，她是什么肤色？"

白一涵："她是一个优雅、干练的女孩子，穿衣打扮比较成熟，是肤色偏白的那种。"

销售员徐晨："那您看看这款玫瑰丝巾怎么样？这可是我们店的招牌产品，散发着淡淡的丝光效果，轻盈又漂亮，但又不像真丝缎那样太过于华贵，非常适合您的女朋友佩戴，也符合她的整体风格。"

"是挺好看的。"白一涵拿起丝巾仔细瞧着。

销售员徐晨："这款丝巾的背后还有一段不为人知的故事呢！"

白一涵："哦？说来听听。"

销售员徐晨："男孩儿是在朋友的生日宴会上遇到她的，一个20多岁的女子，优雅、干练，颈间系着一条飘逸的玫瑰丝巾。女孩儿仪态万千、风情无限顿时就吸引了男孩儿的目光。从此，男孩儿开始找各种方法接近女孩儿，去女孩儿常去的咖啡店，与女孩儿看同一场电影。女孩儿丢的钥匙总能让男孩儿捡到，女孩儿看电影抹眼泪时，也是男孩儿递上一方洁白的手帕纸……两个人便这样慢慢熟悉起来，逐渐发展成情侣。很奇怪，女孩儿从来不戴耳环、手镯之类的饰品，只有玫瑰丝巾，无论春夏秋冬，从不离身。"

白一涵："怎么会有这么奇怪的癖好？"

销售员徐晨："是呀，很快就有答案了。那天，男孩儿约女孩儿一起去郊游。路上，突然刮起的一阵风，毫不留情地揭去女孩儿颈间的玫瑰丝巾。女孩儿慌忙去追，却依然没有抓住。男孩儿惊异地发现：女孩儿的脖颈上，竟布满了疤痕，狰狞、可怕。女孩儿非常尴尬，然后说：小时候冬天烤火的时候，不小心碰翻了火炉……男孩儿只是一怔，很快便坦然地说：瑕不掩瑜，以后不要再系丝巾了，我更喜欢真实的你。"

白一涵："这样挺好的呀，是不是后来两人结婚了？"

销售员徐晨："且听我说。男孩儿果然再不准女孩儿系丝巾，坦然牵着她的手出入各种场合。男孩儿总是对女孩儿说，爱一个人就要坦然接受她的一切，包括缺点和瑕疵。女孩儿从此便将那些玫瑰丝巾收起来，裸露着颈上的疤痕。那些疤痕总是能够引来异样目光，很多人都会问她的脖子是怎么回事。每次问，女孩儿都要重复一遍原因。女孩儿的骄傲和自尊终于被一点点蚕食了。当恋爱的美好被一次次尴尬淹没时，女孩儿提出了分手。"

白一涵："后来那女孩儿怎么样了呢？"

销售员徐晨："女孩儿重新系上了玫瑰丝巾，依然是明眸流转，风情万种，内心却愈加成熟淡定。半年后，她有了新的男朋友，是个干净儒雅的男人。当男人的目光在她飞扬的玫瑰丝巾间辗转停留时，也有疑问，问她为什么老是系着丝巾。女孩儿便大方地解开丝巾给他看。面对着那些丑陋的疤痕，男人微微叹息，忍不住拥她入怀，伸手在她的颈间轻轻抚摸，满是疼惜和怜爱。然后，男人重新帮她系上玫瑰丝巾，在颈间斜着打了一个优雅的结。从那以后，男人给女孩儿买了各式各样的丝巾，亲手给她系上。男人说，最美的花总是开在伤口上的。女孩儿的心就这样完全被男人占据。"

白一涵："是呀，爱和尊重远远比坦然接受更重要。"

销售员徐晨："是呢！就是因为这样，每当我卖出一条玫瑰丝巾的时候，我都认为是传递了一份爱与尊重。"

白一涵："那这条玫瑰丝巾是怎么卖的？"

销售员徐晨："既然您是送给女朋友的，就给您走一个会员价好了，只要520元。如果您女朋友喜欢，欢迎再来我们这里。"

白一涵："那就给我包起来吧！"

销售员徐晨："好的。您女朋友在生日那天看到这条玫瑰丝巾肯定会非常高兴的，希望你们的爱情永远甜蜜。"

有导演曾经说过："最不可能在一起的爱情最能打动人心。"残忍的编剧总是把最甜美的爱情和最痛苦的结局糅合在一起来打动观众。销售员讲爱情故事也有两个角度，一种是把爱情和美好结局联系在一起的喜剧，另外一种是破碎爱情之美的悲剧。

理想：为了理想，在北上广打拼的日子

对销售员来说，如果客户是北上广一族，那么向其讲述"为了理想，在北上广打拼的日子"这样的故事无疑可以引起共鸣。

很多人都有这样的疑问，为什么年轻人大都愿意远离家乡，远离亲人，放弃踏实的生活来到北上广打拼而义无反顾？一位叫"王远成"的知乎网友对这一问题的回答获得了众多网友的赞同。下面一起看看，王远成的故事是如何讲的。

王远成毕业后，怀揣着2 000元钱，买了一张火车票，来到上海。在这里，王远成没有亲戚和朋友，只是因为热爱互联网所以才来上海。初来乍到，王远成与9个人合租的一套房里，小单间月租650元，房间里只放得下一张床和一个笔记本电脑。

上海的夏天非常热，但是王远成坚持每周末去上海体育馆参加招聘会。有时候遇到突如其来的暴雨，浑身湿透根本不是事，尽管如此因为没有毕业证的关系，王远成没有找到工作。直到一个月后，王远成终于找到了第一

份工作。在上海打拼的日子就这样开始了。早晨 6 点半起床，挤地铁，为了节约，中午基本不吃午饭。当别人中午去吃饭的时候，王远成就一个人上公司顶楼天台对着高楼大厦发呆。晚上回到家，做饭需要排队，厕所只有一个，如果占用时间长了还会被室友催。另外，卫生间的浴室是 9 个人共用，电淋浴器的热水用完了需要等好久。

团购刚刚兴起的时候，王远成他们三个人开始负责公司里的团购导航，是公司非常重视的一个项目。三个人都抱着创业的理想做，每天都像打了鸡血，几乎不考虑付出与待遇是否对等。

销售员去北京出差的时候，王远成跟他打长途电话聊产品，从晚上 8 点到 12 点。销售员会将访问客户的第一手资料传给王远成，然后由王远成做产品要求，再提交给程序员，程序员当晚就加班做产品迭代。

有时候，一个人半夜 2 点突发灵感，会跟另外两个人打电话讨论，三个人一起加班到夜里 3 点是经常的事。有时候，在半夜一点发现一个页面 bug，然后打电话给程序员，他也会立即起来改正。

在上海工作的人几乎都有着对工作的执着，只要是份内的工作，你多晚打扰他，他都不会怪你，而且很负责。三个人的拼命很快有了回报，王远成成为项目经理，带领着十多个人的小团队，而另外两个人也都是各自业务的骨干。

包括上海在内的一线城市最大的特点就是生活节奏很快，只要一天不努力就有可能落后于他人，这让在那里工作打拼的人有了动力拼命学习。当王远成的职位和收入有了提高之后，生活也发生了变化。周末的时候，王远成会带女朋友去田子坊逛逛街，去崇明岛抓小螃蟹，去阳澄湖吃大闸蟹，去松江大学城喝咖啡，坐在小店里看日落，做自己喜欢的事情，去想去的地方。

在上海，王远成认识了各个领域的专家，他们知识渊博，充满智慧，说话恰到好处，做事井井有条。王远成暗暗发誓，自己也要成为那样的人。再后来，搞销售的兄弟开始带着王远成见客户，吃饭聊天，帮助他克服自己不擅长与人交流的弱点。有了他的帮助，王远成开始敢在公司战略会议上发言，为团队争取资源和利益。

王远成带领的团队里有一个复旦大学的中文系硕士和一个上海师范大学的新闻学硕士。而作为他们的经理，王远成仅仅是西安一个三流民办大学差点没有毕业证的大专生。正如王远成所说的："上海是个神奇的城市，它不问你的出身、学历，不会歧视你家庭条件，只看你是否努力，真的。"

北上广是一个汇聚了众多人理想的地方，在这里，谈理想永远不会被人嘲笑。如果你跟您的客户一样都在这里打拼，那就给他讲一个为了理想在北上广打拼的故事吧，一定可以引起客户的共鸣，获得客户的好感。

事业：不服输、不低头的故事

赵航是一家温州鞋厂的推销员，在推销过程中，他常常跟客户讲述自己的老板孙志强打拼事业、不服输、不低头的故事。

据赵航说，孙志强开办鞋厂有二十多年了。二十多年前，孙志强一个人闯杭州和苏州，做成了第一笔300双鞋的订单。也正是有了那次磨炼的经历和人生的"第一桶金"，孙志强才能够坚持下来，将鞋厂越开越大。

那是在1995年，孙志强刚刚19岁。当时，孙志强已经在一家鞋厂工作了三年，有一股初生牛犊不怕虎的干劲，准备回家创业办厂。当年，孙志强有朋友在杭州发展，他决定去有市场前景的杭州试试看，于是亲手设计、制作了十几款女士时装鞋，然后提着这些样品，带着几百元钱，一个人坐着客车从温州南站前往杭州。结果，孙志强在杭州并没有接到任何一张订单，于是又坐车前往苏州，但几天内依然没有人买他的鞋。

孙志强没有放弃，依然一家一家地拜访服装鞋帽公司。这天，他风尘仆仆地赶赴江苏省服装鞋帽进出口公司，一进门见到经理，就迅速将样鞋整整齐齐摆放在其面前，观察着面前这位经理的脸色。功夫不负有心人，孙志强终于得到了对方肯定的回复。那位经理爽快地签了 300 双的订单。签单的瞬间，孙志强甚至激动地说不出话来。孙志强向客户郑重承诺：一定准时上门交货！

孙志强后来的从业生涯，就是从这一个订单开始的。这件事让孙志强更加坚定了做人做事要坚持和专一，永远不服输、不低头。截至 2017 年，孙志强的鞋厂出口量超过 2 000 万双，实现出口创汇近 1.6 亿美元。在整个鞋类出口行业下行的形势下，这一成绩是非常耀眼的。

孙志强的故事给企业起到了加分作用，当客户面临选择时，往往愿意选择一个给人以积极向上感觉的企业。另外，销售员用真实案例向客户讲不服输、不低头的故事也是一种说服客户的有效方法。

郑旭是南京某报社的职员。他刚进报社时向经理提出不要薪水，只要广告费的佣金，经理同意了他的要求。于是，郑旭列出一份客户名单，都是一些很难搞定的客户，同事都认为那些客户是不可能被郑旭说服的。

在拜访客户之前，郑旭把名单上客户的名字念了 100 遍，然后怀着十足的信心去拜访客户。在一个月的时间里，名单上的客户大部分被郑旭说服了，只有一个始终拒绝。

第二个月的时候，郑旭每天早晨都坚持去拜访那位客户。每当客户的家门一开，他就进去请客户给他们报广告，而每一次客户都回答说："不！"面对客户的拒绝，郑旭就当没听到，一直坚持到月末的最后一天。

这天，拒绝了郑旭30次的客户说："你已经用了一个月的时间来说服我给你们报广告，你为什么可以坚持到这种地步呢？"郑旭说："我一直在培养遇到困难不服输、不低头的精神，而您就是我的老师，您间接教会了我在逆境中如何坚持下来。"那位客户听完点了点头，向郑旭说："其实我也在向你学习，你已经教会了我坚持到底这一课，这比金钱更重要。为了表达我的谢意，我要给你们报广告，就当是学费吧。"

郑旭用行动向客户讲述了一个不服输、不低头的故事，并且最后打动了客户，成功拿到了客户的订单。面对挫折要有坚持不懈、不屈不挠的精神，才有可能取得最后的成功。包括销售员在内，我们每个人都要有面对困难不服输、不低头的精神，很可能再坚持一下就成功了。

品质：我们的产品经过 N 种检验的故事

谈爱情、谈理想、谈事业都是从感性上打动客户，而谈品质则是从理性上说服客户，让客户找不到拒绝的理由。

麦当劳是全球最有价值的连锁餐饮品牌之一，以超高的品质和服务闻名世界。1955年，第一家麦当劳餐厅在加利福尼亚州66号公路旁开张，之后便以惊人的速度在全球扩张，每三个小时就有一家麦当劳诞生。截至

2017 年，麦当劳遍布全球六大洲 119 个国家，拥有约 32000 间分店，在很多国家代表着一种美式生活方式。麦当劳是如何从美国的一个小镇迅速席卷全球，成就麦当劳帝国的呢？

麦当劳重视产品品质和用户服务体验的故事使其迅速复制扩张。细心的人会发现，无论你走进哪一家麦当劳门店，所享受的体验都惊人地一致。因为全世界麦当劳的餐厅装修、灯光都是一样的，就连冲水马桶都是一个品牌。

麦当劳是从做汉堡起步的，汉堡也是麦当劳的主打食品。麦当劳对汉堡的原料有严格的标准，规定了牛肉原料、蔬菜、三明治等各种食材的保质期和保存期。从食材原料的采购到制作，从食物出炉到销售到客户手中的每一个环节，麦当劳都遵从严谨的高标准，甚至达到了苛刻的程度。

在保证质量高标准的同时，麦当劳还对服务的效率提出标准要求。虽然各家分店所处的地域不同，但产品质量标准是固定的。在食物制作期间，麦当劳的标准是"少量多次"。每一家麦当劳分店都有一套标准的"产品质量指南"，规定了每种食品制作的时限和间隔，张贴在成品的中央输送槽之上。

制作完成之后的食品都放在中央输送槽内保存，同时按照包装时间的先后顺序排列，并标有顺序号，确保每一种食品不作过多停留。而且，麦当劳还设有专门负责食品管理的工作员，他们一边查看食品制作的规格品质，一边盯着计时器，只要保存时间一过就会提醒经理将过期的食品丢弃。

所有过期未出售的食品都会被经理丢在废品箱，同时经理需要在废品报告上记下每一天的作废产品数量，确定精确的生产数量。一直以来，麦当劳都坚持不卖味道差的食品，同时为了适应全球不同地域、不同层次的消费者的不同口味，麦当劳也不断改进自己的菜谱、佐料。

麦当劳宣称："我们卖的不是汉堡包，而是服务。"作为世界最大的连锁快餐店之一，麦当劳深知吸引消费者用餐的除了高品质的食物之外，还有店面整体的氛围、环境、工作人员的服务态度等软性指标。

因此，麦当劳十分注意保持用餐环境的整洁优雅，制定了标准的清洁程序。只要客户离店，工作人员马上会清理桌面和地面，而且洗手间必须始终保持清洁卫生、没有异味。除了最基本的清洁卫生，麦当劳还努力为客户营造出欢乐温馨的气氛，确保让客户享受与在家中一样宁静的用餐环境。到麦当劳用餐不仅意味着享受高品质的食物、绝对清洁卫生的环境，还有快速方便的服务和友好的服务态度。

"快速、精确、友好"是麦当劳服务的三大要求。首先，客户应该在最短时间内得到所需的各项服务，包括每位客户排队时间不得超过2分钟、点完餐后等待时间不超过1分钟、问候语总耗时保持在32秒；其次，确保每一份食物准确恰当地送到客户手中，即使在尖峰时段也避免出现送餐差错，这是麦当劳对员工最基本的要求；最后，服务人员应当随时保持善意的微笑，主动询问客户的需求，根据客户点餐情况提出适当建议。

麦当劳所有连锁店的服务柜台高度都是92厘米，这个高度的确定也是有科学依据的，正是人们投递钱物最方便的高度。而且，就算是不消费的客户也可以在此免费落脚，因为服务柜台设在后门入口处，即使不消费的客户也不会尴尬。

麦当劳整个就餐环境都纳入了严密的监管范围内。从直接面向客户的柜台服务、用餐完毕的桌面清理到餐厅周围和附属设施的卫生清洁，从后台的食物制作间到洗手间，所有服务区域都有着严格的卫生标准。其中包括：桌椅、橱窗和设备保持一尘不染，全部采用不锈钢材料；餐具、机器每日必须彻底拆开清洗、消毒；不出售香烟和报纸；窗户、垃圾桶、天花板甚至停车场等必须定期彻底清洗。

每一个工作人员上岗操作前都必须遵守一套严格的清洗流程，首先用专门的杀菌洗手液消毒，而且至少搓手 20 秒再冲洗，之后用烘干机把手烘干，尤其注意清洗手指缝和指甲缝。如果手接触到头发、制服等物品，必须重新洗手消毒。

在麦当劳餐厅，很少看到桌椅整齐划一地排列，当然也不是毫无章法。麦当劳充分考虑客户的用餐心理，既注重个体的独立性，又注重餐厅的活跃气氛，因此，每一副桌椅都巧妙地设置在特定位置。倚窗使得用餐者能够将美丽的街景一览无遗；绕墙使得用餐者体会多一重乐趣；围成一圈则满足了喜爱欢乐气氛的客户。

麦当劳力图在维持高标准的国际要求的同时尽最大努力融入当地特色，尤其是具有格调的艺术气息。在纽约的格林威治，有一家麦当劳以一幅天窗绘画为主题，给人以身临其境之感。

麦当劳深知，价格公道是吸引客户的一个重要原因。如果价格高昂，企业很难有较高的市场占有率。而且，企业想要壮大起来，就必须不断拓展目标消费群体，不能故步自封。

因此，麦当劳向客户承诺，麦当劳出售的每一份食物都物有所值，不仅营养丰富，而且价格合理，这样的快餐店想不席卷世界都难。

麦当劳的乳类制品都是以百分百纯鲜牛奶为原料，供应的咖啡也是用咖啡豆磨出来的，甜筒必须是实心的。所有食物的营养成分如脂肪含量、蛋白质含量和非脂乳固体含量等都必须在包装上注明，各类食物的热量也有严格的要求，营养成分是按照科学的比例配制。同时，麦当劳越来越关注客户的体重与健康，为每一种食物标明了所含碳水化合物、脂肪量等，鼓励客户根据自身情况挑选合适的套餐搭配。

麦当劳重视产品品质与服务体验的故事告诉大家，麦当劳提供的食物或许不是全世界最好的，但麦当劳快餐店一定是全世界最好的。如今的麦当劳已经是一个全球餐饮品牌，凭借着高品质在全球建立起巨大的形象价值认同。

如果你认为自己公司的产品品质在行业里名列前茅、经得起检验，不妨向客户讲一个"我们的产品经过 N 种检验的故事"，让客户信服。当然，前提是你的产品品质是真好，而不是吹嘘。

创业：美团王兴，一个连续创业者的成长血泪史

对一个企业来说，创始人是非常宝贵的故事素材。通过讲述创始人的创业历程，突出表现其面对困难不退缩和敢于打破常规的创新精神。

在融资过程中，创业者的故事很可能打动投资人。在产品营销时，创业者的故事也会为产品助力。美团创始人王兴创业的故事曾经轰动一时，为美团在融资和产品销售上加上不少分。

我们将王兴的故事进行分解，以便于加深理解。

1. 王兴学业经历。

王兴出生于 1979 年，2001 年毕业于清华大学。2003 年，王兴放弃美国特拉华大学的学业回国创业。

2. 王兴创业经历。

相继创立校内网、饭否网、美团网等。

3. 创业期故事关键词之一：草根。

2003 年冬天，王兴回国创业，与自己的伙伴王慧文、赖斌强等人在清华附近的海丰园租了一套 138 平方米、三室一厅的房子开始了创业。

4. 创业期故事关键词之二：贱卖。

2005 年 12 月 8 日，王兴创办的校内网正式上线。随后，许多创业者跟风而动，各种各样的校园 SNS 如雨后春笋般冒出。竞争加剧使得校内网不得不寻找融资。当时，王兴的团队还是太稚嫩了，当投资者问他们商业模式、竞争形势的时候，他们都是凑合着回答，根本不能让投资者满意。

与此同时，千橡互动集团董事长陈一舟也在和王兴接触，他不断开出价码，希望王兴将校内网卖给他。在校内网陷入财务危机的时候，三位创始人出现了分裂，赖斌强强烈赞成卖，王慧文强烈反对卖，王兴居中偏向不同意卖。最终，校内网卖给了陈一舟，陈一舟收购校内网之后，与旗下 5Q 校园网合并，改名为人人网。2011 年 5 月 4 日，人人网在美国纽交所上市，融资 8.5 亿美元，上市首日市值超过 70 亿美元。

5. 创业期故事关键词之三：倒闭。

王兴在千橡度过锁定期之后，选择离开千橡。2007 年 5 月，王兴与穆荣均等人一起创建了饭否网，2009 年 7 月，饭否网因为某些敏感问题而被关闭（一年后才重新开放）。

6. 创业期故事关键词之四、五：倒闭、机缘巧合。

饭否网被关闭期间，王兴抱着一种试试看的态度创立了美团，并成为团购行业的领头羊之一。与前两次创业一样，数千家跟随者蜂拥而至。2010年6月，拉手、糯米等对手们已经纷纷拿到融资，这意味着，美团在市场推广和地面扩张方面落后于竞争对手。那是美团第一次低谷期。其实王兴本可以有其他选择，采取代理商模式换取发展速度，用市场份额换取风险投资，但是王兴坚定只做可以控制团购品质的直营模式，在现金与产品品质之间选择了后者。

在广告战之后，王兴在2011年3月率先推出"过期退款"。过期退款要求团购网站有良好的沉淀资金和现金流周转能力，风险很大。美团推出"过期退款"后，账上的沉淀资金很快少了1 000万元。

这7个部分组成了一个故事，王兴是一个出身草根、名校背景、坚忍不拔、创业经历丰富的人。这个故事讲给投资人，投资人从风险的角度考虑时，名校背景和创业经历丰富是很好的加分项。这个故事讲给用户，用户从实用主义的角度考虑时，出身草根、坚忍不拔是个加分项。

所以王兴的故事，是一个能够打动投资人、用户的故事，一个能够获得产品运营资金和能够销售产品的故事。

生命：卖的不是产品，是健康

在大公司工作过的人大多有这样的感受：产品就是产品，市场就是市场。产品是在工业化的流水线上生产出来的，只能谈论功能、性价比。然后，等到产品进入市场，营销人员会为产品进行公众形象包装，为产品进行市场推广。然而，很多产品在诞生之初就是有温度和情怀的，而故事就是温度和情怀的天然载体。

刘志汉是新疆乌恰县黑孜苇乡的一名农民，他知道靠几亩薄田根本无法发家致富，而且自身有一颗拼搏的心，于是他决定自己创业。在没有资金和人脉的情况下，"靠山吃山，靠水吃水"的古话启发了他。克州（克孜勒苏柯尔克孜自治州）的山里、草原上到处都是野生农产品，刘志汉家也时不时去弄些野蘑菇、野椒蒿之类的东西下锅，味道非常鲜美。现在城市里的人都希望吃上绿色、环保、无工业污染的农产品，于是刘志汉决定在这上面想办法赚钱。

乌恰县虽然地处偏僻，但是三面高山环绕，自然资源异常丰厚。位于乌恰县西北角的玉其塔什草原，土壤肥沃，植被丰盛，生活在这里的柯尔克孜族人主要以游牧生活为主。有一次，刘志汉拉上几个柯尔克孜族朋友，带上方块糖、茶叶等礼物，辗转到山里的牧民家收购野蘑菇等野生农产品。牧民们都非常吃惊，不相信雨后满地的野蘑菇可以换钱。

第一年，刘志汉收到的野蘑菇数量较少，因为当地的牧民大多没有商业意识，不相信草原上生长的那些野生农产品能换钱。在这种情况下，牧民们都是口头上答应采摘收集，实际上并没有采取多少行动。刘志汉并没有灰心，而是给交来野生农产品的牧民付高价。其他牧民看到刘志汉真的愿意给钱，纷纷表示要想办法收集更多的野生农产品。

局面打开后，刘志汉的生意越做越大。乌恰县地域的宝贝非常多，在遵守国家相关法律、不破坏草场的情况下，刘志汉不仅收到了大量的野蘑菇，还收到了沙棘等各种各样的野生土特产。刘志汉将这些土特产运送到乌鲁木齐销售，很快被抢购一空。

刘志汉有一句口头禅："我卖的不是产品，是健康。"当大家问他是什么意思的时候，他回答说："我那些山货货真价实，绝无工业污染，所以我卖的不是产品，而是健康。"

随着生意规模逐渐加大，刘志汉成立了乌恰县斯姆哈纳志成农产品农民专业合作社。在这个合作社里，只有包括刘志汉在内的三名汉族人，其余全是柯尔克孜族牧民。刘志汉认为，自己之所以能有这个事业，全依赖这些柯尔克孜族牧民。因此，自己致富的同时一定会带上大家，让大家和自己有福同享。

2017年3月31日，国内近160家旅游企业参加了新疆旅游交流大会。乌恰县斯姆哈纳志成农产品农民专业合作社的黑枸杞、黑蘑菇在大会上广受欢迎。合作社的黑枸杞、黑蘑菇、手掌参、降糖草、晚熟杏干、甜草根等土特产品不仅在乌鲁木齐卖出了名声，而且还远销北京、上海、广州等大城市。

刘志汉如今已经是当地最有名的土特产品供应商之一。但刘志汉的野心不止于此："我的目标是将我的土特产销售到国外。"

打健康牌吸引客户是一个百试不爽的手段。

下面看国际销售大师汤姆·霍普金斯（Tom Hopkins）如何利用健康把冰卖给爱斯基摩人。

汤姆·霍普金斯是房地产业务员单年销售量吉尼斯世界纪录的保持者，平均每天卖出一套房子。汤姆·霍普金斯在3年的时间里通过销售赚到3 000万美元，27岁就成为千万富翁，29岁成为亿万富翁，并拥有自己的私人飞机。

汤姆·霍普金斯把冰卖给爱斯基摩人的故事，至今流传广泛。

汤姆·霍普金斯："您好！爱斯基摩人。我叫汤姆，是北极冰公司的一名职员。北极冰对您和您的家人有很多好处，让我向您介绍一下吧。"

爱斯基摩人："这可真有意思。我听说过你们公司的产品，但在我们这里不用花钱就可以得到享用不尽的冰，我们一家都住在冰里面。"

汤姆·霍普金斯："先生，您说的没错。您应该知道很多对我们公司感兴趣的客户都非常注重生活品质和健康，而您也一定注重一家人的生活质量和健康。而且，大多数产品质量与价格都是成正比的。您能告诉我为什么您一家人使用的冰是免费的吗？"

爱斯基摩人："你应该知道，地上到处都有啊。"

汤姆·霍普金斯："哦，我明白了，您一家人使用的冰就在地上，而且没人守着，随时可以取到是吗？"

爱斯基摩人："是的，这种冰哪儿都有。"

汤姆·霍普金斯："是的，先生，这种冰到处都有。我们就站在它上面，您和我，还有那边正在冰上杀鱼的邻居，北极熊也经常从这上面走过。哎呀，那里还有企鹅留下的污迹。您想一下，我说的对吗？"

爱斯基摩人："真不敢想象。"

汤姆·霍普金斯："所以您使用的冰不用花钱呀，这算是经济实惠、物美价廉吗？"

爱斯基摩人："这种感觉不太好。"

汤姆·霍普金斯："我理解，那么，当您家人使用这种冰块时，为了健康还需要进行消毒，对吧，那您会选择如何消毒呢？"

爱斯基摩人："加热到沸腾吧，应该。"

汤姆·霍普金斯："那最后剩下的是什么呢？"

爱斯基摩人："水。"

汤姆·霍普金斯："这样会浪费您宝贵的时间。说到时间，假如您愿意在我这份协议上签上您的名字，今天晚上您的家人就能享受到最爱喝的，加有干净、卫生的北极冰的饮料。噢，对了，我很想知道您那位清除鱼内脏的邻居，是否也乐意享受北极冰带来的好处呢？"

人最宝贵的是生命，生命最宝贵的是健康。如果销售员能够以健康为主题讲一个故事，往往可以获得客户认同，从而转化为购买。

情景测试 1：以爱情为题，推一款化妆品

28 岁的夏雪从来没有化过妆，因为她老公说，素颜的她本来就很漂亮，不需要化妆。随着年龄的增长，夏雪发现自己的脸上开始出现小细纹，变得越来越不自信，于是想要尝试使用化妆品把自己打扮得更漂亮一些。

在一家化妆品店里，夏雪走来走去，不知道自己是否应当购买一套化妆品。这时，销售员陈丽丽走过来，问清楚夏雪的顾虑后，向夏雪讲了一个故事：

雯雯天生就很美丽，即便不施粉黛也给人以清丽脱俗的美。雯雯嫁给了一个非常爱她的男人，两个人成为夫妻。男人不喜欢雯雯化妆，说女人化妆是为了掩饰脸上的不足，而她的女人是不需要化妆品的。

十年后的一天，在外地出差的男人给雯雯打来电话，说自己马上就回到家了。雯雯非常高兴，哼着歌儿到衣柜里挑选衣服，满脸洋溢着热恋般的笑容。十分钟过去了，雯雯依然没有挑到自己满意的衣服，心里莫名地有些烦躁。最后，雯雯选中了男人以前帮她买的那条白色连衣裙。换好衣服后，雯雯坐在梳妆台前，望着镜中已经不再年轻的自己，突然有些不自信了。雯雯打开抽屉，拿出那套她生日时朋友送的化妆品，这是一盒没有拆开过的包装很美的化妆品。

雯雯开始慢慢地擦粉化妆，眼影、口红……做完这一切，她满意地望着镜中的自己微笑了一下。这时，她听到有钥匙开门的声音，知道是男人回来了。望着那盒拆开过的化妆品，雯雯一时有些紧张，情急之下，把那盒化妆品藏在了梳妆台靠墙的缝隙里边。雯雯刚站起来，男人就开门进来了，像以往一样，他们相互拥抱着细诉离别的相思。男人拥着雯雯转到了化妆台前，雯雯从镜子里看到男人悄悄地用手把那盒没有藏好的化妆品给推进去了，两滴晶莹的泪珠轻轻地滑过她的眼角。

听完这个故事，夏雪的眼中也噙满了泪花。因为自己跟雯雯的情况非常相似，已经过了不施粉黛就能吸引男人目光的年纪。所以，夏雪最终决定买一套化妆品。

大多数上了年纪的老太太都认为自己不需要化妆，反正已经很老了，而化妆品销售员往往也不会将老太太当成自己的目标客户。事实上，老太太也有变漂亮的需求，只是需要被激发而已。对老太太，销售员可以这样讲故事：

有一张一对老夫妻在便利店挑选化妆品的照片在社交网站 Facebook 上爆红，打动了无数人的心。短时间内，这张照片获得了 130 多万个点赞，有近 10 万网友留言。照片显示，这对老夫妻在化妆品货架前弯腰挑选粉底。

根据上传照片的人说，这位老爷爷正在帮他老伴儿挑选一款适合她肤色的化妆品。起初，老太太表现得像个初次买化妆品的少女一样，不知道哪一款化妆品适合自己的肤色，于是很纠结。而这位老爷爷则安慰她，让她耐下心来，然后帮着老伴儿一起挑选合适的颜色。过了几分钟，两个人终于挑到了满意的化妆品，老爷爷还在老伴儿的额头亲了一下。

讲完这个故事，再向老太太介绍适合她们的化妆品，让她们免费试用，往往可以激发老太太变年轻、变漂亮的心，有效促进购买。

情景测试 2：以品质为题，讲一个工艺的故事

劳斯莱斯不像其他汽车品牌一样有铺天盖地的广告，也很少和厂商进行商业合作，尽管价格昂贵，依然供不应求。劳斯莱斯的销售员是如何做到的呢？一方面，劳斯莱斯汽车公司每年只生产几千辆汽车，比世界上其它汽车公司产量的零头还要少，因此造成物以稀为贵的结果。另一方面，劳斯莱斯汽车公司的汽车都是手工生产的，对生产工艺非常讲究，这一点吸引了无数客户。

面对客户，劳斯莱斯的销售员总是会讲述一个重视工艺、追求高品质的故事：

一个工人花费一整天的时间才能制造出一台散热机的原型，然后花费5个小时对它进行手工打磨，才完成了一台散热机的制造。据统计，制作一个方向盘的时间是15个小时，装配一辆车身的时间是31个小时，安装一台发动机的时间是6天。

由于制作时间长，装配线上的零件最快每分钟才能移动6英寸。一辆

完整的汽车被制造出来需要两个半月，还必须经过 5 000 公里的测试。这一切都向消费者证明，劳斯莱斯汽车用最好的材料，花费比其他汽车多十倍的时间精心打造，是非常有价值的。

拿一辆劳斯莱斯幻影汽车来说，一部车需要 42 个木质部件，全都是由古德伍德工匠们使用最新的木工技术和传统手工技艺经过 30 天的悉心雕琢而制作出来。每一个木饰都经过严格的挑选、镶饰匹配，表达了技师对每辆汽车的独到诠释，确保了木饰的精致完美。

在古德伍德工厂里，可以选择的常规木材一共有 17 种，包括来自世界各地的桃花心木、橡木、榆木、雀眼枫木、胡桃木和黑钢琴木等。各种木材的色泽和纹路各有不同，但是做工质量都是一流的。为了保证木质纹理并使表面完美无瑕，每个部件都被涂上了六层天然涂漆。在送到装配线之前，所有的涂漆部件还要经过单独检查并配上相关配件。

劳斯莱斯汽车的制造过程还有一个鲜为人知的特殊工序，即记录下每辆汽车的全部生产细节，然后生成一个产品的唯一镜像，甚至连用于制作汽车木饰的每根原木的档案都保留下来。这意味着，如果哪一辆车今后需要维护，可以根据档案找到完全匹配的木饰。

劳斯莱斯还为客户提供了定制服务，客户可以定制自己喜欢的其他种类的装饰木材。无论客户选择哪一种，工艺师都会把木材抛光得极为完美。劳斯莱斯的工艺师们都有着丰富的传统手工行业从业经验，他们对劳斯莱斯幻影内部所用的每一块装饰木材都按照规定精挑细选，仔细加工。高超的技艺不仅能够让每块面板左、右两侧的纹理镜面对称，还能让整个车内都是对称的，这些都构成了劳斯莱斯幻影精致而独特的内部环境。

讲工艺不是高端大品牌的专利，作为一个亲民时尚服饰品牌，"生活灵感"也有一个工艺故事讲给客户听。以 2015 年秋季的第一款产品男女装净色休闲长袖 T 恤为例，整个设计过程 3 名设计师花了 2 个月的时间开发。

在选择面料时，设计师遇到了麻烦。普通的纯棉面料无法满足 T 恤手感柔软顺滑的要求，单纯的莫代尔面料又无法满足外穿的休闲 T 恤的需求。作为配搭式的内穿打底时，面料的弹力也必不可少。与所有的面料供应商沟通后，"生活灵感"设计师最终决定采用最新的混纺技术：47.5% 精梳棉 +47.5% 木浆纤维 +5% 弹力纤维。这种新技术开发出来的新面料手感如同肌肤一般，具有休闲外穿、家居生活两相宜的穿着效果。

在工艺上，由于面料极其柔软顺滑，所以在生产工艺技术方面比普通纯棉 T 恤的要求更高。在工艺生产流水线要求上，"生活灵感"设计师首次使用国际大牌的高级内衣生产流程，让每个细节都平整贴身。

在颜色开发方面，"生活灵感"的设计师结合潮流和亲民因素，最终在 65 个颜色组合中为男装 T 恤挑选出 8 个主推颜色的组合，为女装 T 恤挑选出 6 个主推颜色的组合。

在板型设计方面，"生活灵感"的设计师在考虑设计更适合亚洲地区的版型的同时，更加针对中国华南、华中、华北地区客户的体型差异，重新定位更适合国内市场客户的尺寸。

最后，一件有着超柔软顺滑手感，既可以休闲外穿，又能内穿配搭、适合家居生活的百搭长袖净色长袖 T 恤就此诞生。

如此精细的工艺，任哪个客户听了都会忍不住动心吧！

第五章

产品故事，八大经典类型

怎样讲产品故事？在研究了上千个产品故事后，我总结出产品故事的八大类型，包括出生高贵型、祖传秘方型、爱情故事型、应运而生型、名字来历型、诠释卖点型、发展历程型、权威试用型等。下面一起与大家交流分享。

出生高贵型：铁木真喝过的马奶酒

铁木真(被尊称为"成吉思汗")喝过的马奶酒，杨贵妃用过的护肤精油，慈禧太后称赞过的养生丸药，英国王室使用过的梳妆台……出生高贵的品牌往往能够传播得范围更广，时间更久。当然，思想可以放飞得无限远，但是一切引经据典必须要经得起推敲。即便是胡编乱造，也要让人挑不出任何毛病。

出生高贵型的产品故事有利于提升品牌知名度，也能有效促进产品销售。当销售员告诉你："我们的马奶酒曾经被成吉思汗铁木真奉为御膳酒。"你难道不会动心？下面一起看看马奶酒的产品故事。

故事版本一：蒙古族人民世世代代居住在大草原上，靠畜牧、买卖、狩猎为生。在日常生活中，马奶酒、手扒肉、烤羊肉是蒙古人最喜欢的饮食和待客佳肴。

每年的七八月份牛羊最是肥壮，蒙古人便开始酿制马奶酒。蒙古族妇女们将马奶收集、储存在皮囊中，加以搅拌，几天后便乳脂分离，发酵成酒。随着科学技术不断发展，马奶酒的酿制工艺逐步完善，除了简单的发酵法以外，酿制烈性奶酒的蒸馏法也被广泛采用。其中，六蒸六酿法酿制的马奶酒是最好的。

马奶酒不仅有着清凉适口的好口感，还有众多功效，包括驱寒、舒筋、活血、健胃等，被称为"元玉浆"，是"蒙古八珍"之一。马奶酒曾经是蒙古贵族府第和元朝宫廷的主要饮品，元朝开国皇帝忽必烈还常把它盛在珍贵的金碗里，犒赏功臣。关于马奶酒的出生故事，有两个版本，它们分别是什么？

版本一：根据专家考证，春秋时期就出现了奶酒，汉代便有了"马逐水草，人仰潼酪"的文字记载，元朝是奶酒发展的鼎盛时期。奶酒在北方少数民族有两千多年的悠久历史，一直承担着游牧民族礼仪用酒的角色，蒙语称奶酒为"阿日里"。

南宋末期，漠北发生大动乱，蒙古各部落各立君主，互相攻伐，战火频仍。当时的铁木真刚刚满 17 岁，为了继承并发扬父亲的遗志，铁木真骑上战马，挥旗重建家园。铁木真的妻子在家里非常思念征战的丈夫，于是通过制作奶制品以解相思之苦。

有一天，铁木真的妻子在烧制酸奶。锅盖上的水珠恰好流到了旁边的碗里，散发出特殊的奶香味。她忍不住尝了尝，发现味道香甜，还有一种喝过酒后飘飘欲仙的感觉。她开始研究制马奶酒的工艺，并制作了简单酒具，亲手酿造马奶酒。

在铁木真被封为"成吉思汗"的庆典仪式上，铁木真的妻子将自己亲手酿造的酒献给丈夫成吉思汗和将士们。成吉思汗和众将士喝过之后，都连连赞叹。从此，成吉思汗把马奶酒封为御膳酒，起名叫"赛林艾日哈"。

故事版本二：公元 1221 年是成吉思汗的六十岁大寿，天下大宴三天。当酒宴进行到高潮的时候，成吉思汗一个宠爱的妃子建议他趁大家都在，在四个儿子中选出继承人。大臣赤老温随即建议说，大汗的四个儿子各有各的优点，究竟谁可以做继承人应当由上天决定。而四兄弟谁能为大汗找一份最珍贵的生日贺礼，就是得到天神眷顾的那一个。

成吉思汗想了想，接受了赤老温的建议，说谁能在第二天此时将最珍贵的礼物带过来，谁就是继承人。于是，四兄弟各自出发了。长子术赤骑着火云马向东方奔去，次子察合台骑着乌骓马向北方奔去，三子窝阔台骑着白龙驹马向西方奔去，四子拖雷骑着黑蹄骝骊向南去。

第二天，太阳西落、月亮升起的时候，成吉思汗帐前的草原上已经整齐排列着五万人的队伍，大汗坐在由三十八匹马拉着的指挥车上，大臣、妃嫔环绕在周围。当月亮升到了半空中，空中忽然飘来一股若有若无的香气，整个人群精神为之一振。大家不由得赞叹：这是什么香气，比奶香更绵长，比美酒还醉人？

就在此时，马蹄声由远而近，四兄弟同时到达。长子术赤奉上碧玉珊瑚，成吉思汗把它放在车的左边；四子拖雷奉上百年老参，成吉思汗把它放在了车的右边；次子察合台奉上了紫貂皮，成吉思汗把它放在了车的后边；三子窝阔台奉上了一个皮囊，成吉思汗把皮囊上的木塞拔掉，一股浓郁的香气顿时散发开来，原来是一壶马奶酒。

成吉思汗恍然大悟，明白了大家之前闻到的香气就是它散发出来的。成吉思汗情不自禁地举起了酒杯，喝了第一杯，唇齿留香；喝了第二杯，通体舒畅；喝了第三杯，成吉思汗连声称赞："真是好酒，好酒啊！"随即，成吉思汗将此酒赏赐左右，草原上一片欢呼。

那么，四个兄弟究竟谁是成吉思汗选中的继承人呢？只见成吉思汗手一挥，指着碧玉珊瑚说，"这东西虽然稀罕，但是不能止饥解渴，对我没有什么用"。成吉思汗接着说，"紫貂皮虽然珍贵，但是我们部族中真正能够拿它做衣服的有几个人呢？百年老参虽然难得，但是只能够滋养一个人而已，这远远不够。而这马奶酒却不一样，它产自我们大草原，酒香而不腻，味醇而绵长，我们族人都可以用它来助酒兴、强身体。另外，用它来招待外族人还有助于实现各族和睦相处，减少隐忧。在这四件礼物里，马奶酒虽然是最平常的，也是最珍贵的。"

最终，成吉思汗立三子窝阔台为继承人，御封窝阔台进献的马奶酒为御膳酒，用于庆典或款待外国使节。

无论你的产品是什么，都不妨给它创作一个出生高贵的故事，让客户更好地记住它。

不屈不挠型：褚时健和他的"励志橙"

电商平台本来生活网这样介绍褚时健："75岁的褚时健已经不再是当年的'中国烟草大王'，更不是红塔集团的董事长，刚从监狱里保外就医回到家乡，褚时健承包荒山种褚橙，每天穿梭在云南哀牢山上的橙园里，细心培育着自己的果树，直到85岁褚时健的橙子终于进入了北京市场开始销售，种植十载，不屈不挠。不仅褚橙的美味口感远近闻名，这个老人家也从人生的谷底再次走上了人生的高峰。因为褚时健的故事，八旬老人成为励志故事的典范和榜样，被人们津津乐道；因为褚时健的故事，褚橙也被人们叫作'励志橙'。"

他年轻时将一个默默无闻的小烟厂，做到了全国第一，他因为触犯法律锒铛入狱，他75岁才保外就医，才从监狱里放出来，十年后又做到了亿万富翁。他在哀牢山种橙子，他的橙子被老百姓称为"褚橙"。他的故事激励了无数的企业家和普通人。他就是褚时健。

1928年，褚时健出生于一个农民家庭。

1955 年，27 岁时担任玉溪地区行署人事科长。

1979 年 10 月，任玉溪卷烟厂厂长，十几年间，褚时健使红塔山成为中国名牌，他领导的企业累计为国家上缴利税数以千亿计，他以战略性的眼光，使玉溪卷烟厂脱颖而出，成为中国烟草大王。"红塔山"造就了多少百万富翁、为多少人解决了吃饭问题，已数不可数。

1994 年，褚时健被评为全国"十大改革风云人物"，走到了他人生的巅峰。

然而在那个普遍工资只有几百元的年代，他们厂一个普通职工的工资至少有四、五千元。由于体制原因，他对企业的巨大贡献并没有在个人所得上得到体现。那 18 年，他的总收入不过百万，个人收入的巨大落差使他心理发生了严重的不平衡，再加上国家缺乏有效的监督机制，他辉煌的人生之路偏离了航向。因贪污，1999 年，他被判无期徒刑。那时，他已经是71 岁的老人了。

期间，他的女儿在狱中自杀身亡，而自己又身陷囹圄。这对于一个七十多岁的老人来说，不可谓不是他这一生中摔得最痛、跌得最惨的一跤。许多人既为他惋惜，也认为他这辈子完了。但是，出人意料的是，这位老人并没有垮掉，他先获得减刑，改为有期徒刑 17 年，几年后，2002 年他因为严重的糖尿病获批保外就医，他这才开始与妻子承包荒山开始种橙子。

"我在牢里的时候，心想我 70 多岁了，以后能不能活着出去，出去以后又靠什么生活？后来，我弟弟来看我，带了他种的橙子，我吃了一口，心想，味道还可以啊，要是能出去就种橙子吧。后来，得了病，身体状况很差，再不出去看病，估计就死在里面了。出来后，就想找点事做，消磨时光。处理我的案子时，他们给我留了 120 万块钱。听说我要种橙子，几个有钱的朋友每人借给我几百万块钱，加起来一共 1000 来万块，他们说，就是给你玩玩，玩没了也没关系，反正我们也用不着。"

2002 年开始种植褚橙，褚时健那时已 75 岁。这些年，80 多岁的他每个月下地 8 ～ 10 天，对果园管理盯得非常细致，严格管理。从玉溪到嘎洒果园，200 多公里，全是山路，行车至少 3 个多小时。褚时健打电话通知次日 8 点到果园开会，第二天绝对准时到，没有一个下属敢迟到。

老人家靠着之前人脉资源的支撑和影响力的辐射，比如云南的几大烟草公司在褚橙都还没出来就高价预定了大部分作为员工福利。2013 年估计产量有 1 万吨，批发价为 10 ～ 14 元 / 公斤，预计收入在 1 亿元以上，利润估计有几千万元。

当然，老人家也意识到人脉关系渠道不是长久之计这个问题，2012 年已经开始在电商渠道销售了。

如今老人家已经 87 岁了。对老人家来说，他在曾经的辉煌中跌倒，但在跌倒后又一次创造了神话。这就足够了。每个人都曾失败过，是一蹶不振还是再次站起，褚时健这个最富争议的人物，给了人们一个答案。

万科董事长王石此前也说，"橙子挂果要 6 年，他那时已经快 75 岁了。你想象一下，一个年近 75 岁的老人，戴一个大墨镜，穿着破圆领衫，兴致勃勃地跟我谈论橙子挂果是什么情景。虽然他境况不佳，但他作为企业家的胸怀呼之欲出。我当时就想，如果我遇到他那样的挫折、到了他那个年纪，我会想什么？我知道，我一定不会像他那样勇敢。"

巴顿说过，衡量一个人的成功标志，不是看他登到顶峰的高度，而是看他跌到低谷的反弹力。

正是因为褚时健的故事，给了褚橙以励志的标签，给了褚橙畅销全国的可能。

爱情故事型：动人的剧情，圆满的结局

爱情是这个世界上永恒的主题。钻石、玫瑰、巧克力、化妆品等各种各样的产品都可以与爱情联系起来。为了当年的一个承诺，男人辛苦打拼，最终成就了一番事业；一见钟情，此后便是无数次的默默关注，几十年的单相思；突如其来的变故将两个互相倾慕的人分离开来，还未来得及互表心意，几年后，两个人终是再次相遇……你的品牌需要一段什么样的爱情故事？

OLAY（玉兰油）是英国最大的护肤品牌，诞生于 20 世纪 50 年代。1989 年，OLAY 进入中国，此后连续十多年蝉联"最受欢迎的护肤品牌"，创造了业内奇迹。在这个奇迹背后，有着一个动人的爱情故事。

1935 年，英国少女艾伦跟着父母搬到了波特梅小镇，这时的她只有 15 岁。在艾伦家的院子里，有一颗玉兰树，花开的时候非常好看，而且香气迷人。每到这时，镇上就有一些少年偷偷到艾伦家里摘花。等到艾伦家人发现的时候，少年们已经跑得很远，只留下一地的花瓣。刚刚搬到这个陌生的地方，艾伦一个朋友都没有。所以少年们来偷花的时候，艾伦心里其实非常喜欢这种短暂的热闹。但是艾伦的父母却非常讨厌他们，有一天终于对这些少年大发雷霆。

艾伦想要跟这群偷花的少年交朋友，于是在这天晚上偷偷摘下来一袋子玉兰花，想要在少年们再来的时候送给他们。那些偷花的少年第二天又

来了。当艾伦听到院子里的声音时，赶紧捧着玉兰花走了出来。没想到的是，艾伦刚推开门，一盆水从房顶上倾泻而下，将她浑身浇透，手里的玉兰花也被冲得七零八落。少年们吹着口哨一哄而散，只剩下艾伦一个人站在门前像个落汤鸡。

这时，一个男孩从玉兰树上爬下来，用袖子帮艾伦擦拭头发和脸庞，并轻声对艾伦说："对不起，他们让我爬上树这样整你和你的家人，是我的错，不应该听他们的话。"艾伦将湿漉漉的白玉兰扔给男孩，说道："除非白玉兰变成火红色，否则我永远不会原谅你这个捣蛋鬼！"说完，艾伦"砰"地关上了门。

过了几分钟，艾伦听到有人在敲窗户，于是打开窗户。窗外的男孩正手捧着一朵火红的玉兰花，微笑着说："可以原谅我了吗？"艾伦接过这朵火红的玉兰花，发现花瓣被血涂抹得非常均匀。再看看男孩还带着血迹的手指，艾伦慌了。男孩大声喊道："可以原谅我了吗？我的名字是格拉罕！"艾伦羞红了脸，对着格拉罕点了点头。就这样，少男少女因为一朵红玉兰相恋了。情窦初开的他们常常手牵手在小镇上约会。

不久后，格拉罕到一所大学里学习化学，而艾伦上了医学院。艾伦和格拉罕约定，大学毕业后就结婚。世事难料，还没有等到大学毕业，二战就爆发了。刚满20岁的艾伦被红十字协会选中，派往战地医院工作，而她的恋人格拉罕却需要继续完成学业。

那一天，天气非常糟糕，艾伦与格拉罕要离别了。格拉罕捧着艾伦的脸，依依不舍地说道："我在镇上铜匠家里用铜铸造了两朵玉兰花，我们一人一朵，生生世世都不分离。"说完，格拉罕用一条黑绳子将玉兰花坠穿起来，然后挂在了艾伦的脖子上。想到战火中的离别不知是否还能相见，艾伦和格拉罕相拥而泣。

来到战地医院不久，艾伦很快就经历了一场残酷的战役。为了给那些来不及送往战地医院的伤员们包扎伤口，艾伦始终坚守在前线。在寡不敌众的情况下，英军最终决定全面撤退。本来已经撤退到安全线以内了，但是艾伦发现格拉罕送给自己的玉兰花坠丢了，立刻不顾一切地奔向了前线。好不容易找到了玉兰花坠，一颗炸弹在艾伦身旁爆炸了，艾伦陷入了昏迷。

艾伦的左耳不幸被弹片击中，需要立即动手术。然而直到手术前，医生才发现艾伦已经怀有两个月的身孕。如果想要保住孩子，那么艾伦就不能使用抗伤口感染的药物，但是这样会有伤口感染的风险。想到自己和格拉罕爱情的结晶，艾伦还是选择了不使用抗伤口感染的药物，最终伤口不断恶化，持续溃烂，蔓延到了左半边脸。战争改变了一切，艾伦的美丽容颜不见了，取而代之的是层层叠叠的茧和丑陋的黑色伤疤。

心痛欲绝的艾伦用一块厚厚的黑纱蒙住了大半张脸，回到了家乡。看着家里依旧芬芳的玉兰花，艾伦忽然看到一丝希望。她想起年少时曾经被开水烫伤脚趾留下伤疤，后来与格拉罕到泉水边约会戏水，那块伤疤不到三个月就消失不见了。艾伦想，如果自己的容颜能够恢复如初，那么一切都可以重新开始。

为了生存下去，艾伦开了一家诊所帮人看病打针。艾伦在诊所前种了一棵玉兰树，终日戴着黑色面纱。因此，大家都叫艾伦"玉兰树诊所的黑寡妇医生"。每到深夜时分，小镇都安静了，艾伦就会悄悄去泉水边用泉水敷脸。过了一段时间，艾伦脸上的伤痕果然好了一些。

终于，艾伦鼓起勇气在一个深夜走到了格拉罕家的门前。想到自己想见不能见的恋人，艾伦默默地流下了眼泪。从那天起，艾伦不仅在夜里去泉边敷脸，还把泉水带回家敷脸，希望自己的脸快点好起来。

有一夜，狂风暴雨将玉兰花打落了一地。艾伦触景生情，不忍心花儿就这样凋零，于是将花儿全部拾起来放进了储存的泉水中。暴雨一连下了几日，艾伦不能在深夜去泉水边，于是只好用泡着玉兰花的泉水敷脸。仅仅一周，艾伦发现脸上的伤痕颜色更浅了，于是猜想是玉兰花和泉水共同作用的结果。通过查阅书籍，艾伦发现玉兰花真的有美白效果，而泉水属于少有的富含多种矿物质的冷泉，对于促进伤口愈合、更新角质层细胞有显著作用。

这个意外发现让艾伦对恢复自己的脸蛋更有信心了，每天用玉兰花和泉水敷脸更加频繁。而每个深夜，艾伦便默默地站在格拉罕家楼下，望着心上人的窗口。

终于，让艾伦最期待又最害怕的事情发生了，格拉罕来到了她的诊所。看到格拉罕的一瞬间，艾伦的心跳几乎就要停止。格拉罕坐在艾伦面前，与原来一样英俊迷人。看着面前的心上人，艾伦的眼里忍不住溢出了泪花。颤抖着打完针后，艾伦抬头发现格拉罕正盯着自己的脖子看。艾伦低头看到自己的玉兰花坠露出了一片花瓣，赶紧用手捂住了玉兰花坠，眼泪却像断了线的珠子一样坠落下来。当艾伦再次抬起头，却发现格拉罕早已离去。艾伦既开心又难过。开心的是，格拉罕并不知道自己毁容了；难过的是，格拉罕居然没认出自己来。

9个月后，艾伦的孩子出生了，取名为安娜。安娜长得美丽可爱，但是非常好动，甚至常常将乳汁吐在艾伦的身上和脸上。艾伦忙得手忙脚乱，甚至来不及擦拭脸上的乳汁，便放下安娜，蒙上面纱，为到来的病人打针。过了几天，艾伦发现乳汁沾过的地方，疤痕比其他地方更淡。当天，艾伦便将玉兰花、泉水、牛奶混在一起敷脸。半个月后，奇迹出现了，艾伦脸上的伤痕变得非常淡，不走近几乎看不出来。

艾伦非常开心，第一次取下了黑纱。当她抚过脸庞时，凹凸不平的触感再次刺痛了她的心。疤痕是淡化了，但是凹凸的痕迹却丝毫没有被抚平，这让她几乎再度陷入绝望之中。

不久后，艾伦收到了威尔士红十字协会寄来的包裹，里面是一小盒面霜，瓶底写着"一日三次，可以平复外力带来的皮肤组织挫伤——红十字协会献给在二战中受伤的勇士。"艾伦非常惊喜，白天使用这瓶面霜，晚上用泉水、玉兰花和牛奶敷脸。当那一瓶面霜被艾伦用完时，奇迹出现了，艾伦脸上原先凹凸不平的伤痕已经没有了。艾伦不敢相信，仿佛就是一个梦。

艾伦扔下面纱，奔向格拉罕的窗下，大声喊着格拉罕的名字。这对痴心的恋人喜极而泣，热烈地亲吻彼此。格拉罕抚摸着艾伦的脸，流着眼泪说道："你终于好了，我的心血没有白费。"看到艾伦惊诧的样子，格拉罕才说出了一切。

原来，自从艾伦回到波特梅镇开诊所，并且种下一棵玉兰树，格拉罕就联想到了自己在战争中失去联系的恋人。当格拉罕到艾伦的诊所看到她噙满泪水的双眼时便知道是她，她胸前的玉兰花坠更是让格拉罕肯定黑寡妇医生就是自己的恋人艾伦。

格拉罕也曾在无数个深夜里到艾伦家门前，当他在门缝里看到艾伦将玉兰花和泉水敷在那布满疤痕的脸上时，他的心都要碎了。格拉罕知道，艾伦越是爱他，就越是在意在他眼中的完美。学化学的格拉罕当即决定，为艾伦研究一款产品，帮助艾伦淡化伤痕，平复伤疤。

格拉罕很快明白，艾伦的种种方法可以淡化伤痕，但是无法平复伤疤。于是，格拉罕开始研究平复伤疤的产品。经过长达 1 年的无数次试验，格拉罕终于研制出了那瓶面霜。为了给艾伦一个惊喜，格拉罕通过红十字协会将面霜寄给了艾伦，然后等待心上人的到来。

听到格拉罕的话，艾伦流下了幸福的泪水。可以说，爱的奇迹创造了 OLAY 这个品牌。1951 年，格拉罕将这款修复受损皮肤的产品推向了全世界，并以艾伦的谐音命名为 OLAY。OLAY 之所以受到全世界女人的追捧，不仅是因为它功效显著，还因为她们懂得，只有爱可以让女人变得最美。

听完这个爱情故事，你是否已经蠢蠢欲动，想要购买 OLAY 的产品？给自己的产品写一个爱情故事，如果这个爱情故事可以打动客户，那么将产品销售给客户就不成问题了。

应运而生型：对不起，我们来晚了

应运而生型的产品故事通常是这样的："对不起，我们来晚了！我们没有早点为您提供更优质的产品，我们非常内疚！随着时代的发展进步，人们的生活水平逐步提高，但是环境越来越差，亚健康的人越来越多。在 ×× 问题越来越严重的情况下，我们深入市场进行了广泛研究，集合多名专家的研究成果，最终创立了 ×× 品牌，希望帮您解决……的问题。"

三个爸爸儿童专用净化器就讲述了一个应运而生型的产品故事。

近年来，城市雾霾天越来越多，还有从城市扩散到农村的趋势。人们想出了各种方法来应对：口罩防护、种植植物、使用空气净化器等。其中，空气净化器最受人们的青睐。

在 2014 年 2 月的一个雾霾天，三个新晋奶爸戴赛鹰、陈海滨、宋亚南聚在北京一家咖啡馆里聊着自己的孩子。正式升级为父亲，他们都是非常快乐的，但是谈起雾霾对小孩造成的伤害，他们深感忧心，表示几乎不敢带小孩出门。其中，宋亚南称他的宝宝出生之后因为雾霾引起了呼吸道疾病，几次进医院治疗。每次陪孩子去看医生，宋亚南都非常揪心，有说不出来的痛苦。

于是，三人商量着一起去买空气净化器。他们在市场找遍了都没有找到除PM2.5和甲醛效果最好的净化器。由于对净化器不太了解，三人决定向做空气净化器的李洪毅请教。李洪毅把目前市面上的净化器的型号、寿命、价格、功能等给他们大概介绍了一下，并告诉他们由于空气中含有的有害物太多，当前市场上的净化器都是分开处理这些有害物质的，

听完李洪毅的介绍，他们非常失望，因为花大价钱买回来的净化器竟然不能满足他们的需求。为了不让宝宝们再受雾霾的侵害，三人决定组建一支专门为宝宝研发空气净化器的团队，研发出能够真正保护儿童呼吸系统的净化器。三个门外汉想法很好，但是专业性的东西还是需要有专业人士的帮助，于是他们邀请了制造净化器的专家李洪毅加入。

三位爸爸首先在众筹网上发布了这一创意，上线之后受到很多家长对这一项目的支持，并表示愿意购买。这就意味着这个创意非常好，产品研发出来之后会很有市场。得到众人支持之后，三个爸爸团队开始研究市面上的净化器，经过比较研究设计出一套套方案，再经过反复推敲商议，最终设计出了一个适合儿童的净化器方案。由于这款产品是由多位爸爸设计研究出来的，所以就命名为"三个爸爸儿童专用空气净化器"。

为了解决儿童、孕妇等弱势群体容易被雾霾等空气有害物质侵害的痛点，三个爸爸展开了母婴社区调查，找到了几十个关于空气净化器的痛点，最终总结为四大核心痛点。

针对除 PM2.5 的效果不可见的痛点，三个爸爸找到的解决方案是用数据说话。三个爸爸通过给净化器装上工业级 PM2.5 传感器，使得用户家中的 PM2.5 数值可以在手机 APP 里显示出来。使用三个爸爸净化器后，如果家中有人吸烟，可以看到 PM2.5 数值立即上升。通过这种方式，除 PM2.5 的效果变得可视化。

针对除 PM2.5 的效果没有标准的痛点，三个爸爸找到的解决方案是制造 PM2.5 为零的尖叫点。由于净化器效果最核心的指标 CADR 值（洁净空气输出率）是看不见摸不着的，所以三个爸爸想到出风口的 PM2.5 为零的尖叫点。市场上一些品牌的净化器也可以做到出风口 PM2.5 为零，但是价格较高，在一万元左右。三个爸爸净化器依靠较低的价格做到出风口 PM2.5 为零，用户不尖叫才怪。

除甲醛净化器非常少是中国市场的一大痛点。在一些南方城市，甲醛的危害远远大于 PM2.5 的危害，对人体造成了很大伤害，尤其是抵抗力较弱的儿童。然而，市场上能够除甲醛的净化器非常少，三个爸爸针对这一痛点找到的解决方案是军工技术除甲醛。

由于潜艇在水下执行任务的时间长达三个月，而且水下温度很高，潜艇的制作原料会散发很多甲醛，所以军工技术通过一种树脂吸附甲醛然后再分解。潜艇军工科技一般是不能民用的，但是三个爸爸花费一番工夫，最终还是如愿将其用到产品上。

针对净化空气导致二氧化碳浓度升高的痛点，三个爸爸找到的解决方案是把二氧化碳变成氧气。这也是一种潜艇用军工技术，即当二氧化碳浓度增加的时候，通过催化反应将二氧化碳转化成氧气，解决净化空气需要开窗通风的问题。

2014 年 8 月 21 日，三个爸爸发布全球首款儿童专用净化器。两年后的 2016 年 9 月 7 日，三个爸爸在北京发布新品——零臭氧智氧新风机 M160。新风系列新品由三个爸爸联合跳水冠军田亮共同研发，得到了牛文文、江南春、那威、胡海泉等大牌明星的一致好评。

无论是空气净化器，还是新风系列新品，三个爸爸致力于改善儿童家庭的室内空气质量，保护孩子健康呼吸的初心不变，正如其品牌口号所说的"我爱你，呼吸为证！"

移动互联网时代给产品人带来了前所未有的机遇，只要找对了用户痛点，一个打动人心的品牌就可以应运而生。最终的结果就是一款产品聚集起一批忠实客户，建立起品牌与目标客户之间的强关系，这是包括三个爸爸在内的所有应运而生的品牌的规律。

2016 年 9 月 8 日，欧贝星有机奶粉正式上市。上市当天，一则落款为欧贝星的朋友圈消息以谦逊的口吻宣布新品上市，引起了社会热议。"对不起，我们来晚了，你等的安全有机奶粉来了"，意味深长。

可以发现，应运而生型的产品故事是以解决问题为基础的，包括三个爸爸儿童专用空气净化器解决儿童孕妇等弱势群体容易被雾霾等空气有害物质侵害的问题，国产有机奶粉欧贝星优化升级民族奶企，重塑国产奶粉公信力的问题等。

如果你的产品能够解决一个长久以来给客户带来烦恼的问题，那么不妨告诉客户"对不起，我们来晚了"，然后向客户讲述一个应运而生的产品故事。

名字来历型：一个悠久的故事

想知道我的产品为什么叫这个名字吗？想知道我的产品倡导什么精神吗？想知道我的产品为什么那么受欢迎吗？一个悠久的名字来历故事将告诉你一切。下面一起看看耐克（NIKE）的名字来历故事。

菲尔·奈特（Phil Knight）是耐克运动品牌的传奇领袖，是世界500强公司中最古怪的领导人。菲尔·奈特生于1938年2月24日，父亲威廉·菲尔·奈特原本是一名州议员，后来由于精神疾病放弃了从政，投身报纸出版行业，他的母亲是一名家庭主妇。与别的青少年一样，菲尔·奈特从小就喜欢各种各样的体育运动。

初中时，菲尔·奈特是当地一名优秀的中跑运动员。在俄勒冈大学就读期间，菲尔·奈特加入校园田径队成为一名长跑运动员。在大学里，菲尔·奈特结识了他的良师益友、田径队教练比尔·鲍尔曼（Bill Bowerman），也是他日后的创业伙伴。

这位田径队教练花费了大量心血研究如何提升运动员的成绩，并研究出鞋子越轻，选手就能够承受越少的力量，跑出更高的速度。由于当时的运动鞋品牌只有阿迪达斯比较轻巧，价格却比较昂贵，比尔·鲍尔曼最后决定自己设计出价格便宜又轻巧的运动鞋。

当时，菲尔·奈特在田径队里只是一位平庸的运动员，他的长跑成绩与世界级的运动员相差甚远，但是菲尔·奈特非常热爱运动，所以他决定参与教练的制鞋研究。菲尔·奈特幽默地对教练说："由于我的成绩不好，教练设计鞋子，我来试验最合适不过了。"自那时起，菲尔·奈特的学习生活就离不开"运动"这个关键词了。

当菲尔·奈特大学毕业后到日本旅行的时候，立刻深深迷上了这个国家。他发现日本人鬼冢喜八郎创造了一个仿造阿迪达斯的运动鞋品牌"老虎"。老虎牌运动鞋富有想象力的设计给了菲尔·奈特灵感，菲尔·奈特认为这种仿制鞋包含着无限商机，与他心中的运动鞋不谋而合。

菲尔·奈特谎称自己经营着美国一家运动鞋销售公司，成功骗过了老虎牌运动鞋公司，得到了其在美国的经销权。1962 年，菲尔·奈特和比尔·鲍尔曼投资 1 000 美元成立了蓝带运动公司，在美国销售第一批老虎牌产品。菲尔·奈特的创业历程由此展开。

菲尔·奈特的才干和决心是耐克王国得以建立的主要因素，但仅仅靠菲尔·奈特一人的力量是完全不可能的。创立了蓝带公司之后，菲尔·奈特白天做会计师工作，下班之后在大学校园或运动场上摆地摊销售他们从日本进口的运动鞋。当时的菲尔·奈特以会计师为主业，兼职创业让他感到非常疲惫。这时，他结识了杰夫·约翰逊（Jeff Johnson），蓝带公司的第一位雇员。

约翰逊也是一名运动员，听说菲尔·奈特师从比尔·鲍尔曼，便对菲尔·奈特产生兴趣，从而在运动场上与其搭讪。菲尔·奈特将约翰逊视为"一双安在背后的翅膀"。和约翰逊合作期间，菲尔·奈特将老虎鞋的营销、登记、发货等全部工作交给约翰逊，蓝带公司的销售额也不断上升。

约翰逊牺牲了个人生活，将全部精力放在了蓝带公司的发展上，而菲尔·奈特就是一个甩手掌柜。如果没有约翰逊，没有人知道蓝带公司的未来会如何发展。另一方面，随着蓝带公司的规模扩大，菲尔·奈特开始筹划自己的产品品牌。

1971 年，菲尔·奈特重新给公司命名，"耐克"就这样诞生了。在古希腊文化里，"耐克"是希腊胜利女神的名字，在罗马神话中对应的是维多利亚（Victoria）。根据赫西俄德的《神谱》，她是泰坦神帕拉斯（Pallas）和斯梯克斯（Styx）的女儿，也是克拉托斯（力量）、比亚（强力）和泽洛斯（热诚）的姊妹。尽管耐克出身泰坦族，但是在泰坦战争中站在了奥林匹斯神一边，为他们带来了胜利。

在传说中，耐克有一双翅膀，拥有惊人的速度，除此之外没有其他特殊能力。耐克不仅仅象征着战争胜利，还代表着古希腊人日常生活中的许多领域尤其是竞技体育领域中的成功。耐克通常被认为是带来好运的神，是艺术家们喜欢表现的对象之一。在艺术作品中，耐克通常同化于其他的神，比如古希腊雕塑家把耐克塑造为娇小的带有翅膀的形象，栖停于另一个神的手臂中或者是从同伴神的衣裳中探出，或者像仙女一样高飞于天空。

罗浮宫内的《萨莫特拉斯的胜利女神》（Victoire de Samothrace）是最著名的耐克肖像，将耐克表现为裸体或是穿有盔甲的带翅女神。耐克经常与智慧女神雅典娜（宙斯之女）一起受到崇拜，她们在马拉松战役中希腊战胜了波斯之后被着重联系起来。在雅典的帕台农神庙中供奉的雅典娜巨像上也刻画了耐克，并且帕台农建筑群中也包含了一个献给耐克的神庙。有时候，雅典娜被描绘为携有耐克附属物的形象。

胜利女神的故事给耐克这个品牌赋予了含义，将胜利女神的名字作为品牌和产品名字，是因为耐克希望自己的产品给运动员带来胜利。

1971 年，老虎牌运动鞋公司派人来美国对菲尔·奈特提出了"购买耐克公司 51% 的股份，并在 5 个董事中占 2 席，否则立即停止供货"的苛刻要求。菲尔·奈特和比尔·鲍尔曼断然拒绝了他们无理的要求，并于 1973 年 3 月在美国地方法院起诉老虎牌运动鞋公司的一系列过分行为。菲尔·奈特非常幸运，在罗布·斯特拉塞尔（Rob Strassel）律师的努力之下，他赢得了官司。被菲尔·奈特的个人魅力吸引，罗布斯特拉塞尔也加入耐克公司，成为公司的主要领导人之一。

斯特拉塞尔的加入对耐克具有重要意义。正是斯特拉塞尔将耐克带进了大学校园。在 1978 年于匹兹堡举行的高中篮球联赛中，耐克为教练和运动员们提供了必需设备，还为最优秀的教练颁奖。不仅如此，斯特拉塞尔还建议菲尔·奈特将公司复兴的赌注压在 NBA 新秀迈克尔·乔丹身上。事实证明，这个决定是正确的。耐克从此开启了"空中飞人乔丹（Air Jordan）"时代。

1984 年，菲尔·奈特结束了一年的退休生活回到耐克。随后他领导耐克与著名篮球明星迈克尔·乔丹签订了一份 5 年的合同，不仅赠予乔丹一部分公司股票，还在耐克运动鞋上使用乔丹的名字。"乔丹鞋"在推出短短一个月后就在美国卖出了 40 万双，创下了运动鞋销售的空前纪录。

"菲尔·奈特和耐克把我变成了一个梦幻式的人物。"乔丹在退役前说。耐克公司的"飞人乔丹"系列运动鞋因此成为一个永恒经典。1997 年，菲尔·奈特再一次宣布退休，并把耐克公司 CEO 的位置让给了有着丰富产品开发经验的汤姆·克拉克（Tom Clark）。然而，随着乔丹退休，高级品牌 k-swiss 和 newbalance 加入市场，耐克公司的发展开始停滞不前。

1999 年，比尔·鲍尔曼逝世，同时菲尔·奈特回到耐克公司建立新秩序。他辞退克拉克，任命老员工马克·帕克(Mark Parker)和查理·丹森（Charlie Denson）为耐克品牌联合 CEO，并挖来百事公司的布莱尔（Blair）担任耐克的新财务长。除此之外，菲尔·奈特还进行了一系列改革，使得耐克公司逐渐从一个产品设计创新公司变为管理严谨的新企业。

直到 2004 年第一季，耐克的营收达到了 123 亿美元，净利润达到 10 亿美元，分别增长了 15% 和 27%，再创历史新纪录。这一年，菲尔·奈特又一次辞去耐克集团主席和总裁职务，只保留董事长职位，并将接班人位置传给前美国庄臣公司 CEO 佩雷斯（Peres）。2006 年，为了公司发展，菲尔·奈特又一次炒掉了佩雷斯，任命耐克品牌联合总裁马克·帕克 (Mark Parker) 为 CEO，另一位联合总裁查理·丹森出任耐克品牌总裁。

2016 年 7 月 1 日，菲尔·奈特正式退休，公司董事长一职由公司总裁兼 CEO 马克·帕克接任。新上任的董事长兼 CEO 马克·帕克立下目标，耐克将在 2020 年收入达到 500 亿美元。

耐克的成功取决于很多因素，但是可以肯定，"耐克"这个好名字是成功的第一步。对企业来说，一个好名字首先应当和企业、产品的定位相吻合；其次，一个好名字的背后应当有丰富的内涵。

第一点无须多说。如果你是做食品的，别人听到你的名字应当可以想到吃；如果你是销售饮料的，别人听到你的名字应当可以想到饮料；如果你是卖体育产品的，别人听到你的名字应当想到运动。

第二点非常重要。随着企业的发展壮大，企业品牌和产品名字可以流传千古，其内涵意义非常重要，而内涵意义的载体就是故事。

如果你所在的公司有一个好名字，那么不妨为其包装一个名字来历型的故事，加深客户的印象。

诠释卖点型：实用、高效

为什么一瓶普普通通的水可以卖到上百元？答案是这瓶水有一个广泛流传的产品故事，虽然水很平凡，但是因为故事而身价飙升。任何消费品都有机会变成奢侈品，只要有一个好的产品故事，牛奶就可以变成顶级牛奶，火柴可以变成顶级火柴，牙膏可以变成顶级牙膏。产品故事的作用就是将平凡变成神奇。

产品故事的作用是给产品增添附加值，而产品之所以因为产品故事而身价飙升，最根本的原因是产品在商业交换过程中，产品故事生成了一定的价格。而产品故事之所以有价格，原因是它使用了企业的脑力劳动，花费了必要的劳动时间，属于满足消费者情感需求的无形商品。

对消费品来说，诠释卖点型的产品故事应用范围最广。设计理念、产品原料、生产工艺、服务理念等都可以构成产品的卖点，可以用一个故事讲给客户听。下面，一起看瓶装水是如何通过诠释卖点型的产品故事提升身价的。

试想一下，你认为一瓶水最贵不能超过多少？矿泉水、冰川水、河水、湖水、井水……全球分布着各种大大小小的水源。在水资源匮乏还没有波及全球的情况下，水依然是最普通的东西之一。走进任何一家商场，几乎都能看见货架上陈列的各式各样的瓶装水。瓶装水的诞生极大地方便了人们的生活，实用、方便这一卖点在绝大多数消费者心中的价值大概是一元到两元。

随着市场竞争加剧，很多瓶装水公司为了维持销量，开始进行各种降价促销活动。一些瓶装水的价格甚至跌破一元，进入典型的微利时代。在这种艰难的生存环境里，瓶装水公司开始想方设法进驻高端，通过提高瓶装水的价格扩大利润空间。

法国 2008 年纪念版依云（evian）矿泉水 98 元每瓶；挪威芙丝矿泉水（Voss）价值 85 元每瓶；萨奇苦味矿泉水（Zajecicka）售价 160 元每瓶；美国布岭矿泉水（BlingH2O）售价 36.75 至 90 美元每瓶；加拿大史前一万年（10Thousand BC）矿泉水售价 12.92 至 45.83 美元每瓶……如何让消费者心甘情愿用买白酒、红酒的价格买下一瓶水？高端瓶装水品牌都不约而同地为产品添加了一个诠释卖点型的故事，通过神秘、浪漫或珍稀等卖点吸引消费者，支撑高价。

从几十元到几百元，从国内的西藏 5100、九千年到国外的依云、芙丝，几乎所有的高端瓶装水都有一个关于水源地的故事，如表 5-1 所示。

表 5-1　各大高端瓶装水品牌的水源地故事

品　牌	故　事
俄罗斯 K 卡 -7	水源形成于距今 6 500 万年左右的白垩纪时代
珠峰冰川	取自世界最高峰的天然矿泉活水
西藏 5100	取自西藏 5 100 米，水源地泉水温度常年保持在 23 摄氏度左右
九千年	水源地在四川省阿坝州黑水县境内。水龄为 9 610 年，是上亿年冰川底层的融水，当今世界已测定的水龄最长的原生态冰川泉水
斐济	欧洲的瓶装水含钙太多，虽然这样对骨骼有益，但是味蕾却会感到不适。而斐济的水产自火山岩地区，含钙较少
史前 1 万年	地球上最古老的水源
王岛云雨	产自澳大利亚塔斯马尼亚岛，那里拥有世界上"最干净的空气"，雨水自然清洁无比
420 Volcanic：	产自新西兰班克斯半岛的一座死火山脚下，保证无人曾经染指
挪威芙丝	源于挪威南部的一片净土，是地球上可寻找到的最纯净的水源之一。从那里源源流出的天然水矿物质含量低，不含钠，并且口感无与伦比

对于瓶装水品牌来说，水源地构成了其独一无二的卖点，每一个水源地都是时间与空间的传奇。人们在享用瓶装水时，水源地故事会使他们联想到这瓶水的神奇之旅，并因此获得时间或空间上的情感体验。除水源地以外，不同品牌还有着不同的故事体系，诠释了其独一无二的卖点，如表5-2～表5-5所示。

表5-2 "史前一万年"的故事体系

水源	加拿大温哥华有一个神秘的无人居住区，有着一万年前形成的冰川，保持着一万年前的洁净。如想到那里一探究竟，乘船也需要用上3天时间，这里正是史前一万年的产地
灌装	这种水在灌装时，要播放古典音乐，用以增加它的尊贵与典雅
包装	来自于传统的手工艺，为了更好地保护冰川水不受任何污染而选用质量上乘的玻璃瓶，其磨砂酒瓶的设计堪称经典
消费者	通常出现于首相的晚宴、国家领导人的会晤宴请或者拉斯维加斯希尔顿剧院的贵宾房

表5-3 挪威芙丝的故事体系

水源	天然自流井纯净水源于挪威南部的一片净土，是地球上可寻找到的最纯净的水源之一
包装	挪威芙丝水被装在圆柱形水晶石的瓶子中，透明、高雅，像大号的香水瓶，该设计出自Calvin Klein前任首席设计师Neil Kraft之手
渠道	在全世界40多个国家的顶级休闲场所、餐厅、度假村及夜总会出售
饮用方式	对水的温度、盛水的器皿、所配的食物，甚至饮水的环境都有严格的讲究
消费者	好莱坞著名影视演员林赛·罗韩、布拉德·皮特及乌玛·瑟曼都在公众场合饮用挪威芙丝水。麦当娜在与英国导演盖·里奇的婚礼上用挪威芙丝水宴请宾客，并声称她只喝挪威芙丝

表5-4 萨奇苦味矿泉水的故事体系——稀缺

水源	水源取自布拉格波西米亚地区著名的长寿村——野兔村内，那里层峦叠嶂，地形迥异，水中矿物质含量是同类产品的几百倍甚至上千倍，堪称水中极品。被东征十字军发现后便风靡整个欧洲大陆，各国皇室贵族也接踵而来
渠道	由于资源有限，捷克政府一直限量采集，300多年来萨奇苦味矿泉水一直被欧洲皇室贵族所垄断，从未销往到欧洲以外的任何地区。近年，中国区获得每月15 000瓶的销售定额
消费者	欧洲上流社会的贡品，同时也是贵族身份的象征

表 5-5　美国布岭的故事体系

包装	瓶身上的品牌字样由 64 颗施华洛世奇水晶镶成，瓶盖则做成红酒一样的橡木塞
创始人	公司创始人凯文·伯伊德是一位好莱坞制片人
渠道	最初这种水只卖给由公司创始人亲自挑选的著名运动员和演员
传播	在 MTV 音乐电视和"艾美"奖颁奖典礼上总是与明星一起闪亮登场
消费者	好莱坞明星是它们的常客，也是其最大消费群

　　瓶装水品牌的卖点各不相同，所以诠释卖点型故事也都不一样，吸引的消费者类型也不一样。唯一相同的是，消费者都获得了奇妙的情感体验。正如依云所说："我喝的不是矿泉水，而是依云。"意思是消费者喝依云矿泉水的时候，喝的不仅仅是水，还是一个发生在依云矿泉水身上的故事。瓶装水传播了关于水的故事，使消费者获得了感官和心理上的双重体验。

　　故事内化为产品的过程也是一个品牌从无到有的过程。而消费者之所以愿意支付高价，是因为他购买的不只是产品的物质形态，还有产品故事带来的情感体验。这就是故事给产品带来的增值作用。

发展历程型：风风雨雨几十年

　　一个企业的发展历程就是一个感人至深的故事，也是产品故事的经典类型之一。在历史的长河里，包括了品牌的前世今生。那些史诗般的记载陪伴着品牌长大成熟，走向世界。发展历程型的产品故事可以让客户感受到企业深厚的文化底蕴，增强对企业产品的信任度。下面一起看惠普公司的发展历程故事。

　　戴维·帕卡德（David Packard）和比尔·休利特（Bill Hewlett）是惠普公司的联合创始人。两个人是斯坦福大学校友，在大学期间，两人便一起拟定了一份创业计划，作为副校长的特曼教授对他们表示支持。由于当时整个美国经济一片萧条，于是他们不得已搁置了这个计划。毕业后，戴维·帕卡德加入了通用电气公司，而比尔·休利特继续深造。

戴维·帕卡德的心里一直没有放下创业梦想，他一直在等待机会，而机会很快降临了。美国经济开始复苏，许多公司都将大量采购电子设备用于更新换代，而市场出现很大的空缺。非常巧的是，比尔·休利特刚刚毕业了，两个好朋友相聚在一起，重新规划并决定实现他们当年的创业梦想。

比尔·休利特和戴维·帕卡德租了一套公寓，并在公寓附近的汽车库里开了一个工作作坊，开始了创业的第一步。当时，两人只有538美元的流动资金，全部资产是一个工作台、一部钻床、一把螺丝刀、一把电烙铁、一把钢锯以及若干电子零件。1939年元旦，两人正式签署合伙企业协议，将公司注册为"Hewlett-Packard"简称"HP"（惠普）。

公司刚成立的时候，比尔·休利特从事自己硕士论文中的一个新产品开发，而戴维·帕卡德依靠一些小活儿维持公司的运转。当他们生活朝不保夕的时候，特曼教授为他们提供了帮助。特曼教授利用自己的声望积极为他们奔走，使得惠普得以生存下去。

终于，比尔·休利特的新发明诞生了——一种振荡器。与同类产品相比，比尔·休利特的振荡器适用更加广泛，而且价格非常便宜。业内专家对于这个产品给予了很高评价，极大地鼓舞了他们的斗志。他们在媒体上为产品刊登了广告，吸引了一大批订单，惠普公司的利润有了保障。

之后，戴维·帕卡德与迪士尼进行了长期合作，大幅度提高了公司的知名度，也为惠普带来了可观的收益。就这样，惠普公司在创业第一年就站住了脚跟，总收入5 369美元，净利润1 563美元。在1941年太平洋战争爆发之前，惠普公司已经拥有了17名雇员，并且成为年销售额超过10万美元的公司。

太平洋战争的爆发是惠普的一个重要转折点。1942年6月，比尔·休利特应征入伍，广泛的接触和影响为惠普公司战后在军用品生产方面的骄人业绩打下了良好的基础。比尔·休利特走后，戴维·帕卡德开始独掌大局。

战争激发了无线电、雷达、声呐以及航海、航空仪表等产品的需求，戴维·帕卡德决心抓住这一历史机遇，让惠普公司真正腾飞起来。戴维·帕卡德对产品作了有力的改进，使之更能适应战争的需要。事实证明，戴维·帕卡德是具有先见之明的，这些产品很快就被用于军事部门。第二次世界大战结束时，惠普公司已成长为一家净资产超过200万美元的大公司。

1945年，应征入伍的比尔·休利特回归时发现自己竟然是一家大型公司的副总裁了。之后惠普公司开始了高速发展历程。1947年8月18日，惠普股份有限公司正式成立。惠普的发展壮大，特曼教授非常高兴，他对自己的学生说："有惠普在前面带路，你们将会是第二个、第三个惠普。"

20世纪70年代后期，比尔·休利特和戴维·帕卡德为了纪念他们的恩师，向斯坦福大学捐赠了一座极富有现代气息的"特曼大楼"。1989年，比尔·休利特和戴维·帕卡德创业的那间汽车库，被加利福尼亚州政府正式命名为"硅谷诞生地"，成为美国珍贵的历史文物。

1959年，惠普公司的发展蒸蒸日上，但是公司员工的积极性并不是很高。戴维·帕卡德经过了仔细调查，决定让职员持有公司股票，从而调动他们的积极性。后来，戴维·帕卡德的职工持股计划风靡美国，惠普公司的面貌也焕然一新。戴维·帕卡德又一次成为全国的名人。

在比尔·休利特和戴维·帕卡德的运筹下，惠普公司不仅通过技术创新开发新产品，而且还将公司触角伸向电子设备的各个领域，包括绘图仪、电子医疗设备、电子分析仪器、科学计算器等。惠普通过持续的进步与革新站在了时代的前列。

1987 年，比尔·休利特退休并辞去副董事长职务。1992 年，戴维·帕卡德离任退休。1996 年 3 月 26 日，戴维·帕卡德辞世。

2013 年，惠普被联想超越，让出全球第一 PC 制造商的地位。2017 年第一季度全球 PC 出货量数据显示：惠普出货 1 310 万台，同比增长 13.1%，市占率达 21.8%；联想出货 1 230 万台，同比增长 1.7%；戴尔出货 960 万台，名列第三，同比增长 6.2%；苹果排第四，出货 420 万台，同比增长 4.1%；宏碁名列第五，出货 410 万台。数据表明，惠普反超联想，重新夺回全球第一 PC 制造商的地位。

惠普公司诞生、发展、壮大的历程几乎就是美国高科技中心"硅谷"的成长史，写成一本书也不过分。这样的发展历程故事足以让客户为之震撼，并将对企业的敬仰转化为对产品的信赖，从而成为产品的忠实客户。

权威试用型：专家都在用

当某个人或是集团拥有较高的社会地位，成为社会的精神领袖时，其观点与主张很容易受到社会大众的认同，其言论影响力也远超常人，这样的情况我们视为权威效应的作用。权威效应是一种较常见的社会心理现象，若能够有效利用权威效应，则能够对他人的行为与思想产生十分深远的影响。

美国某心理学团队针对权威效应进行了一项实验：斯坦福大学的心理系导师在课堂上，向学生们介绍了一名专家，声称是来自德国的著名化学家，这位化学专家在课堂上小心翼翼地拿出一个空瓶子，向在场的学生们介绍，瓶子中的气体是最新科研发现的气体，该气体自身具有淡淡的香气。德国化学家介绍后便打开了瓶子，询问同学是否有人闻到香气，结果在场许多同学都举手表示闻到了该气体的味道。但实际上瓶子中空无一物，其中的空气也与外界空气没有差别。那么，为什么那么多学生们都表示自己闻到了香味呢？

这就是"权威效应"的作用，用一句俗语解释"人微言轻，人贵言重"。当有人询问是否相信业界权威的说法时，大多数人都会给出肯定的回应，而这样情况的造成就是"权威效应"的作用，这也是一种普遍的心理现象。

这种现象的主要来源于有以下两种心理：

1. 安全心理。人们对于未知的事务，通常会相信业界权威人士的意见，并认为权威人物的选择通常是正确的，听从权威人士的意见能够在一定程度上降低风险，保证自己的安全，进而获得一种心理暗示，增强自身安全感。

2. 认可心理。大多数人通常会认为权威人士的原则与理念，是有科学依据的，是最符合当今社会规范的，故而大多数人都会听从权威人物的号召，就像前文中提到的美国心理学实验一样。

在当今发达的互联网时代，众多自媒体平台、短视频平台中如雨后春笋般出现许多以测评为目的的自媒体账号。这些账号发布的视频中通常针对自己对应的版块产品进行技术论证，来为观众用户进行产品的实测。对于产品、技术并不熟悉的观众而言，这些测评账号就是这个区域的专家，在他们购入一款产品前，对权威人士的意见进行一定参考是必须的步骤。

以自媒体账号"差评"为例，其账号运营内容主要以科技类热点产品为主，围绕年轻群体对科技咨询、科技产品的需求展开，"差评"作为一个科技类账号进行评测的电子产品，如手机、电脑、音响等产品，常常能够很快销售一空。

这一点便足以证明普通人员对权威人物的盲从，对于观众而言，"差评"是专注于科技品类的账号，试用过诸多科技前端产品，是普通人眼中的权威标杆，故很多普通人愿意花钱购买它推荐的产品。用户也愿意相信能够被它推荐的产品一定有其过人之处。

由此表明，虽然聘请权威人士、各领域专家代言推广的费用高昂，但受众认可度会大幅提升。

对于销售人员而言，权威试用型的具体内容主要包含以下两个方面。

1. 代言人

以权威人物作为代言人，能够极大程度上给客户提供安全感。当顾客面对一个完全陌生的事物时，客户最初是处于怀疑甚至是抗拒的状态下的。这是出于人的自我保护机制，对不熟悉、不了解的事务保持一定的距离与怀疑的态度。

当某项产品有业界的权威人士作为精准代言人为其做宣传时，销售人员向客户叙述代言人与产品之间的关联与故事，通过故事能有效接近产品与客户的距离。

2. 权威品牌

许多产品在进行上市推广的时候通常会困难重重，但许多品牌能够在同类产品中脱颖而出，很大一部分原因是以品牌知名度为背书的，权威品牌的名誉与专业能力让用户对品牌的全新产品产生一定好感度，进而降低了推广难度。

许多品牌花费许多时间精力获取相关权威机构的认证，例如食品中的有机食品认证、产品技术中的专利技术认证等，这些认证证明虽然仅以商标形式在产品包装上印刷，却能够击中用户对权威认证的认可心理，能够大大降低了新产品的推广难度。

对于普通消费者而言，产品能够通过认证机构的多重检测，说明其在质量上是没有问题的，促成购买。

但这样的销售手段均是以产品质量为主要前提，否则，即使销售人员故事讲得天花乱坠，仍无法获得市场与客户的信服。

情景测试：为你的企业讲一个品牌故事

讲究大爱、深沉厚重、表现真性情是传统品牌故事所具有的三大特色。在 20 世纪 70 年代末 80 年代初，生活水平刚刚有所提升，人们吃苦耐劳，认真负责，以国富民强作为共同目标。在这一时期，品牌意识开始崛起，大家都为"争做世界第一"的宏伟志向而摇旗呐喊。此时，企业的品牌故事大多以爱国、团结为主题。

到了 20 世纪 90 年代，国外大品牌开始大量进入国内市场，在国内渲染了一种高端、大气、上档次的氛围。此时，传统品牌将对国家的热爱拉进了日常生活。正如雀巢电视广告讲述的故事：在一个现代化的小家庭里，丈夫有着成功的事业，妻子温柔可人，一句"味道好极了"，以赞美的姿态营造出幸福的家庭生活环境。

因此，回顾过去，我们可以发现传统品牌的故事传播原则是一致的：首先，以通俗、生动的故事来阐述品牌，使消费者易于接纳；其次，通过有温度和情感的故事情节打动消费者，使消费者记忆深刻。

比如，1910 年在法国巴黎创建的品牌香奈儿（Chanel），背后是创始人可可·香奈儿（Coco Chanel）一生不平凡的浪漫爱情故事。

可可·香奈儿出生在一个贫苦的家庭，是家里的第二个孩子，但五岁那年母亲便死于肺病，更可怕的是，父亲竟丢下他们，神秘失踪了。自此，可可·香奈儿开始了她那坎坷、艰辛的孤儿院生活。十几年后，可可·香奈儿在一家针织店当店员，更梦想着成为一名明星。因此，她同时尝试在一家酒吧里唱小曲。

此时的是可可·香奈儿已经出落得亭亭玉立，并受到不少富家子弟的追求与帮助。可可·香奈儿通过第一个情人踏入了上流社会的交际圈，并因此结识了很多有权有势的富家子弟和年轻的艺术家们。后来，可可·香奈儿与实业家贾柏相爱，并在他的帮助下走上了自己的成功之路。

在贾柏的支持与资助下，可可·香奈儿开设了第一家女帽店，为她的事业及品牌写下永恒的乐章。对于所有热爱时尚的人来说，香奈儿是经典与永恒、大胆与创新的代名词。人们对香奈儿的喜爱之所以随着时间的消逝有增无减，是因为有故事的人真情演绎着有故事的品牌，将品牌文化塑造得格外立体。

在互联网化的新媒体时代，企业更加擅长讲故事。苹果、小米、海底捞……传统的企业文化必须要有创新，有改变，否则将面临死亡。品牌转型不仅仅意味着产品功能的转型，还包括了品牌故事创新。快节奏的城市生活使得人们格外享受在碎片化时间里品上一段小故事，享受瞬间的感动，或接力一个趣味游戏，体验片刻的愉悦。下面是新媒体时代企业讲故事的三大法则，内容如图 5-1 所示。

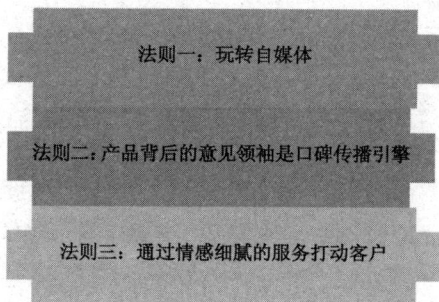

法则一：玩转自媒体

法则二：产品背后的意见领袖是口碑传播引擎

法则三：通过情感细腻的服务打动客户

图 5-1　新媒体时代企业讲故事的三大法则

法则一：玩转自媒体

宝马引发的"沙漠怪圈"事件曾经闹得沸沸扬扬。事情的起因是某摄影师发布的一条令人感到匪夷所思的微博消息："某沙漠旅行者发现巨型怪圈，地点在距离西宁 3 小时左右车程的戈壁滩。巨型怪圈有着十分规整且精确对称的圆环和线条，沟壑很深，目测大概有 3 ~ 5cm。"在"图文并茂"的情况下，关注此微博的用户从外星人爱好者向整个网络蔓延，微博中的公开视频一周内获得 96.2 万次的点击量。

距此微博发布一周后，凤凰视频发表相关微博称："目前，有媒体对青海'沙漠怪圈'进行了正面报道，高空航拍也没有揭开'沙漠怪圈'的谜底。其图案不仅是最完美的圆形，还包含了复杂对称的图案，人为短时间内根本无法制造出如此巨型的复杂图案。巨大和壮观的怪圈目前还无法得到合理的解释。"

"沙漠怪圈"事件经过媒体和公众大肆传播，引起社会广泛关注和猜测。在引起不小的社会轰动之后，宝马站出来澄清了事实。原来这是宝马为其

1 系家族以及即将上市的全新 1 系所策划的营销活动。这种特立独行的故事营销方式，正好迎合了宝马 1 系的目标消费者。他们富有个性，活力充沛，热爱探索，喜欢创新。

随后，宝马发布了一段广告视频，向人们展示了"沙漠怪圈"的形成过程。原来"沙漠怪圈"是三辆宝马合作完成的——三辆宝马 1 系利用导航仪对驾驶路线进行精确计算并控制最终碾压而成。"沙漠怪圈"的形成充分显示了宝马 1 系优越的操作性能，使宝马 1 系获得了很多年轻人的追捧。

生活处处充满惊喜，所以我们要热爱探索，喜欢创新，这正是宝马在新媒体时代打造的品牌故事。一句话、一幅图片，企业很容易吸引大众的视线。通过社交媒体给大家讲故事，以无数转发与评论宣告了人们的欢迎程度。需要注意的是，在创新的同时不要过于浮夸，尤其是在灾难面前，不可过度炒作，否则将会带来负面效果。

法则二：产品背后的意见领袖是口碑传播引擎

福耀玻璃集团创始人曹德旺在 2018 年央视一套《开讲啦》节目中讲述了他对产品认知的故事。

做产品要有文化自信。他说："文化跟知识，是道跟术的区别。你学的会计、计算机应用、机械设计……各种专科，这是术。文化是道，讲不清楚，看不到，摸不着，但是无时不在，好像雾化在空气里面一样。你是要长期地积累自淀，沉淀它，能够悟到它们，因此你真正有文化，看问题就跟人家不一样了。因此说做企业，必须具备有文化自信。文化是一种信仰，是一种修行，是一种修炼，是一种经验的积累，当然也需要技术专业的支持。起心动念，就正如我爸讲的一样，决定了你的结果的方方面面。"

做产品要质量过硬。他说："我从开始做汽车玻璃，开始建厂我就立志：为中国人做一片玻璃，我跟我员工上课是这样讲，这片玻璃要让中国人都用上，用得放心，用得开心，这个质量好，便宜才可以达到。这一片玻璃我们拿到国际上去卖，无论是用去推销、展销、促销的方式，都能够展示出中国人的智慧跟水平。"

凭借对产品的文化自信及过硬的产品质量福耀玻璃获得了良好的口碑。

通过产品背后的意见领袖进行口碑传播是新媒体背景下企业讲故事的方式。需要注意的是，无论产品被包装得有多个性化，质量依然是关键。如果产品质量不合格，背后的意见领袖再有个性，也无法建立良好的口碑。

法则三：通过情感细腻的品牌服务故事打动客户

海底捞以卓越服务著称，它的故事也围绕着服务展开。

1. 等餐故事

在海底捞，等待是一种享受，不仅没有饥肠辘辘，还有各种贴心的餐前服务。在等待过程中，客户可以享用免费的水果、饮料、零食，可以玩扑克牌、跳棋等，可以享受免费美甲、擦皮鞋服务，还有让无数家长都安心的幼儿活动区。

2. 用餐故事

海底捞不仅会提供用餐时的围裙、毛巾、扎头发的皮筋、发夹、眼镜擦拭布以及手机保护袋等，还会根据用餐人数为客户提供科学的配餐建议。

面对这样的服务体验，客户能够暂时忘记繁忙高压的工作与生活。

无论推广品牌还是销售产品，如此真实感人的故事往往能事半功倍。

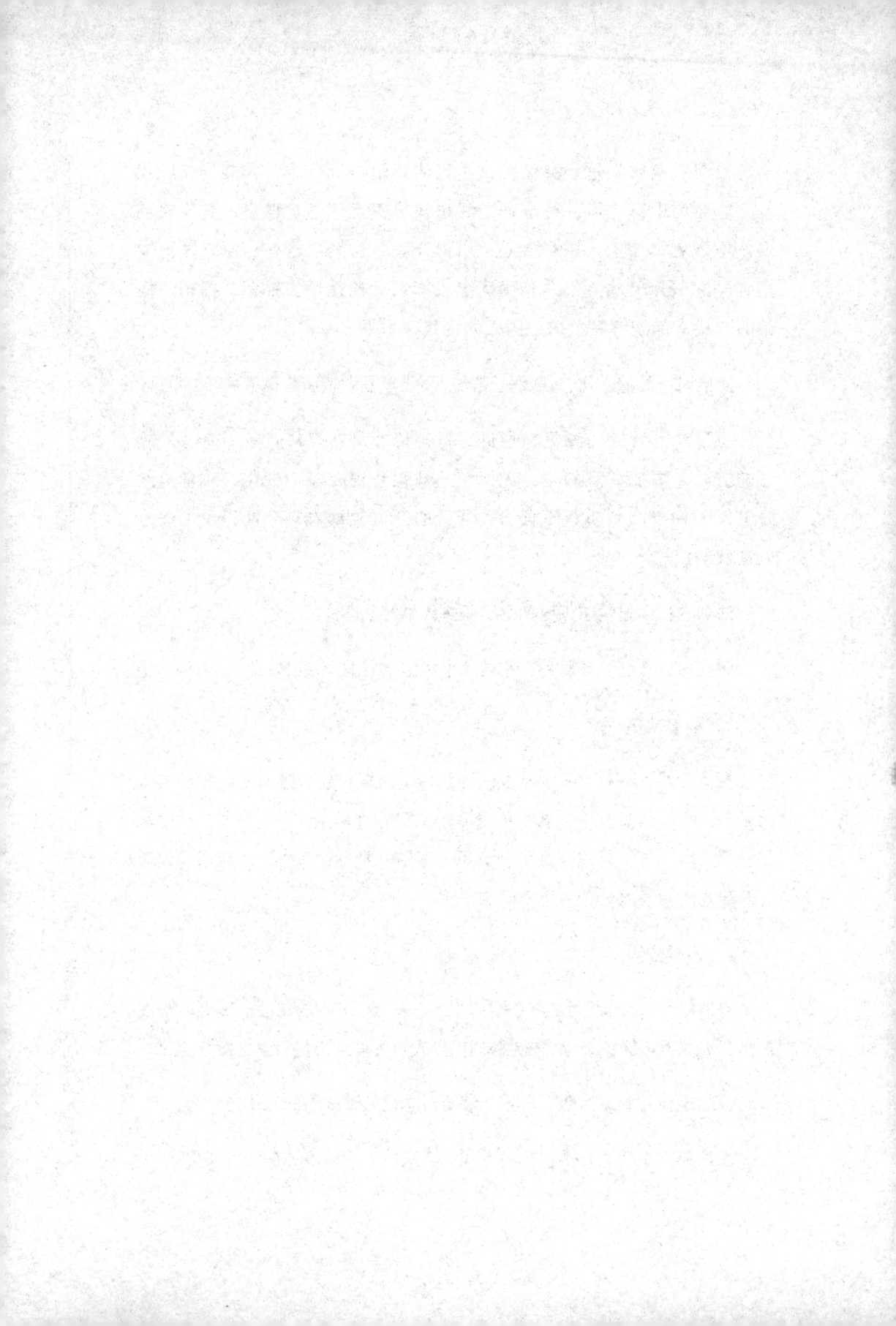

第六章
辛苦度故事，你的努力让客户看见

有些时候，你可能为客户付出了很多努力，包括反复修改方案、四处奔波、加班加点等。客户却将你当成备胎，最终选择了别家，你一定非常气愤，但是却无可奈何。回想一下，你的努力客户看见了吗？你有没有把自己的辛苦度故事讲给客户听？如果答案是否定的，那么失去客户也就不奇怪了。

幕后付出，应当让客户知晓

想象一下这样的情景：你正在为某个客户服务，而且整个团队非常认真，十分卖力，但是最后客户不断表示不满，反而要换掉你们团队。很多团队都经历过这样的打击。在职场中，努力是一方面，而让客户看到你的努力和付出是另一方面，也是最重要的一方面。如果客户看不到，那么一切努力都有可能是白费。

魏川是一家项目推广服务公司的项目经理。由于人事变动，魏川接手了一个新项目，利润很大，是公司的重点项目。原团队核心人员有的被高薪挖走，有的因为私人原因辞职，总之都在一个月之内陆续辞职。魏川接手这个项目，也算是临危受命。

然而，接手项目后，魏川第一次跟客户接触时就发现，客户对他们更换团队很是不满。魏川带着新团队跟客户见面的时候，客户反复提起原来的团队。尽管魏川的领导明确表示新团队不比原来的差，但客户还是直接表示不希望由不熟悉的人来接手这个项目。为此，魏川跟客户表了决心，一定会把事情做好。

魏川知道，客户之所以会如此不满，一是因为原来的团队确实做得很好，二是因为他们没有安全感。客户害怕新团队不能达到要求，从而影响他们的业绩。为了消除客户的不满，这一个月，魏川带领团队打起十二分精神做事。

为了拓展客户，销售员在38摄氏度的高温天气每天去大街上发传单，有两位员工还因此中暑；策划人员对待每一场活动和每一个方案都不敢掉以轻心，为此连续多日加班到深夜。就连魏川都无数次在高温天气下去跑市场，去分析自身产品与竞品之间的差别……几天下来，魏川已经被晒黑了。

提交给客户的东西都是魏川团队经过无数次修改而形成的。每次与客户开会前，魏川团队内部都要先开一个小会，把会议流程演练一遍。为了第一时间帮助客户解决难题，让客户感受到他们的专业，魏川带领整个团队付出了很多努力。

但结果并不理想，三周后，客户说要在服务团队里加入另外一家公司，与魏川团队所在公司同时负责这个项目。听到这个消息，魏川的挫败感很强。同时领导告诉魏川，因为公司对这个项目非常重视，而之前团队核心成员全部替换这件事情给客户留下了非常不好的印象，所以公司会派出更高级的团队来接手这个项目。

魏川无法反对公司的决定，只好把这个投入了大量热情的项目移交了出去。交出去之后，整个团队人员情绪都很低落，不明白为什么付出了三个星期的努力，客户却一点都看不到，还会作出这样的一个决定。

为了鼓舞士气和总结经验，魏川组织大家一起开会，分析原因。团队成员讨论了很久，没有一个人找到核心问题所在。直到公司入职不久的一个新人弱弱地说了一句："我们是努力了，但客户不知道啊！"话说完，集体沉默了三分钟。

关键就在于此：客户拿到魏川团队提交的数据表格，看到的就是很简单的数据表格，却是团队里十几个销售人员花了一个星期一家家跑出来的；客户拿到一份活动方案，看到的只是一份简单的活动方案，却是很多个策划人员经过无数次讨论，又连夜加班赶出来的。不管这些东西做得多么成熟，在客户眼里只是稍微好一点罢了。客户没看到这些成品背后的辛苦，就不会知道魏川团队有多尽力。

客户的不安全感一直存在，而魏川团队想要做好这个项目的欲望太强烈，从而忽略了事情的根本。魏川本应该将监督内部工作质量的时间分出一些来，用来与客户沟通、请示、汇报工作。只有增强客户对魏川团队的印象，才能消除客户的不安全感，而魏川团队的努力方向错了。

以上案例告诉我们，就是无论你做任何事情，你的努力地一定要让应该看到的人看到。如果没有看到，那么之前所有的努力都是白费。销售员袁平就认识到了这一点，在因为自己的小失误让客户占便宜后适时提醒了客户，从而将其发展为忠实客户。

销售员袁平签了一个合同，一字之差让公司损失好几千，把运费"需方承担"写成了"供方承担"。这个客户是个准客户，但是在价格上一直和袁平周旋。当然公司的设备价格在同行中确实是最高的，但是服务和质量在业内也是有口皆碑。合同金额是十万元，客户要便宜一万元，但是袁平不给优惠，而且运费也是规定需方承担的，为此一直拖了好几天。

三天后，客户让袁平写个合同发过去看看，结果当天就跟袁平联系说要付款，袁平还想客户怎么突然转性了呢，也不讲价了。双方公章都盖好了袁平才看到，原来运费袁平写的是"供方承担"，这是袁平的失误。袁平去找老总，老总看了看说：算了，现在你再反悔客户就该对我们公司印象不好了，就这样吧。

但是袁平想了想，客户占了便宜得让他知道，于是跟客户发邮件说："首先我得承认是我的工作失误，运费本应该来由你们承担的，但是我错写成由我们承担。为了这个错误，我还亲自跟老总解释了，希望可以按照合同走，这个错误由我埋单。我们就按照合同走，希望以后可以长期合作。"

不到五分钟，短信提示，钱到账了，客户很痛快地付了款。袁平一直想做成这个单子，或许是这个失误促成了这个单子。客户知道运费本应该由他们承担，但是袁平写错了，他们觉得占了便宜，立刻就成交了。后来，这位客户成为袁平的忠实客户，很大一部分原因是他们知道袁平曾为他们所做的事情。

如果你现在的状态跟魏川一样，那么应当反思一下了，客户随时都有可能把你换掉，因为你对他并没有什么特殊影响。只有像袁平一样让客户知道你为他们所做过的事情、所付出的努力，客户才会对你的态度不同。

时间辛苦：时间跨度大的客户

销售员向客户讲述的辛苦度故事一般分为四种，包括时间辛苦故事、位置辛苦故事、加班辛苦故事、返工辛苦故事。下面分别看四种辛苦度故事怎么讲。本节讲的是时间辛苦故事。

"钱总，您看我们合作也快六年了。这六年里，您一步步见证了我的成长。我24岁进入公司，自觉起步晚，就要奋起直追，于是拿着最底层的薪水，租住在北京的地下室里开始了全新的征程。不会写新闻稿，就把客户曾经的新闻稿都背熟；英文不够好，就一本本背英文书籍和客户资料；商业背景缺失，就去买来商业管理书籍学习。"

"您也是看到了我的勤奋和努力，所以才在我们公司众多业务员里选择了我。直到前年，我都是住在离公司30公里的地方。早年没有车的时候，北京地铁也不发达，于是我风雨无阻地每天坐三趟公交车上下班。再从公司去到您的公司，又得转两趟公交车。在这六年里，跟您约定好的时间，我从来没有迟到过，跟你商量好的交付时间，也从未延迟，因为我知道这是我应该做到的，不能辜负您对我的信任啊！因为起步晚，用功就要比别人多，加班到午夜自不必说，就是早下班回家也要自学和研究行业知识到凌晨一两点。"

"后来，我开始升职，从普通的业务员到业务组长，再到业务主管，最后到区域经理，赢得了越来越多客户的信任与赞赏。六年下来，我积累了现在的成绩，这其中都离不开您的信任与照顾，我是真心感激您啊！现在，咱们的合作合同到期了，我想着咱们再续两年，您看如何？"

只要客户在长时间的合作里对你没有不满，听到你讲的这个故事，应该会很感动，签单概率是很高的。

位置辛苦：适合远距离出差的故事

位置辛苦故事适合销售员需要远距离出差的情况。比如，公司在北京，客户在广州，销售员就需要从北京去广州出差。位置辛苦故事一般以出差过程中舟车劳顿为中心向客户说明自己的辛苦。下面是讲位置辛苦故事。

"周经理，终于见到您了，这一路上可真是太坎坷了。我是前天早上从北京搭夜行巴士出发，昨天早上到达广州的。夜行巴士颠簸得有点厉害，一整个晚上都很难安眠，空调也有点冷，所以我就感冒了。在车上，我饿了就啃方便面，渴了就喝矿泉水。到达广州后，旅途劳顿、不规律的饮食，让我的胃病又犯了。我胃痛的毛病是从小学四年级就开始的，每一次痛起来真的是生不如死，严重的话会痛到像是整个背都在烧一样。"

"记得昨天晚上凌晨一点多，我在回宾馆的路上，由于长时间奔波再加上没有休息好，脸色发黄，手里、身上还大包小包的，鞋上也满是灰尘，狼狈不堪，突然就被当地的民警误以为是可疑人员拦住盘查。现在我都记着当地民警在检查我证件时怀疑的眼神，不过后来说了是误会。好事多磨，希望我们此次谈判一切顺利。"

客户都有恻隐之心，听到你为了见他付出了这么多，一定会尽可能不为难你，把生意谈成。

加班辛苦：适合急单，被迫赶工的故事

如图 6-1 所示，在所有员工中，只有 7.7% 的员工几乎不加班，每天享受 8 小时以内的工作时间。在其余的员工中，34.1% 的员工每天加班 1 ~ 2 小时，27.8% 的员工每天加班 2 ~ 3 小时。另外，每天加班 5 小时以上的员工人数比每天加班 3 ~ 5 小时的员工人数都要多。经常看到写字楼里到深夜还灯火通明，那仅仅是在公司加班的员工，还有一些员工选择在家里奋战，未来更多的是随时随地拿着移动设备工作的员工。那么，你们辛苦加班，客户知道吗？

每日平均加班时长

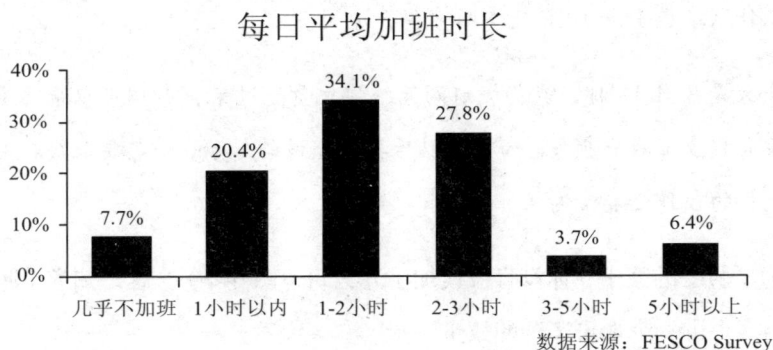

数据来源：FESCO Survey

图 6-1　每日平均加班时长

对销售员来说，遇到客户急单，被迫赶工的事情是常有的。遇到这种情况，一定要给客户讲一个加班辛苦的故事。

3月10日，慧聪钢铁股份有限公司的孙总在朋友的介绍下向康成设备公司的业务经理张昊告急求助，他们公司的一台风机出现故障，停产一天的损失就是上百万元，要求张昊务必在一周内将货送到现场。3月15日，张昊向孙总交货时，这样说：

"孙总，您应当知道，同类风机生产至少要一个月工期，您现在只给了我们七天时间交货，真的是太赶了。但是您是我们的老客户介绍过来的，我怎么忍心让您失望呢？

为了不辜负您的信任，我亲自指挥，要求采购部外购件轴盘和主轴到货日期不得超过3月13日，其他各生产岗位严阵以待。12日早晨，轴盘到公司时还是滚烫的，金工车间主任柳裴及时用轴流风机给轴盘降温，下午先上立车车台阶，5点钟赵志刚同志开始用C650车床加工，一直工作到第二天早上6点才把轴盘加工好。主轴是3月13日中午到货，金工车间陈宁和方少华两位同志从12点开始加工，一直到3月14日上午11点20分精车完工后才下班。紧接着金工车间主任柳裴和吴迪两位同志开始铣键槽，一直工作到凌晨1点10分完工后才离开公司。

今天是3月15日，我们提前两天给您把货送过来，希望可以帮助贵公司在最大程度上减少损失。如果您以后再有合适的单子，一定要来找我们，相信我们的合作会非常愉快。"

为了棘手的案子，你没日没夜加了几天班（图6-2）？客户知道了吗？不妨给客户讲一个加班辛苦的故事。

图 6-2　加班辛苦的故事

返工辛苦：频繁修改完工项目的故事

　　软件行业是返工频发的一个行业。软件项目的返工成本几乎达到项目总成本的一半以上，无形中导致了行业利润率偏低。什么是返工？返工可以理解为没有一次性达到客户的要求，只能通过返工甚至多次返工来达到客户要求。导致返工的原因有很多，包括客户隐含需求的变更，对需求或设计的理解错误造成的变更、项目范围、技术平台、技术路线决策失误造成的变更、评审遗漏缺陷造成的变更、测试遗漏造成的反复修复等。

　　很少听说哪个大楼建好后又拆了重建的，但是软件项目一次次扒掉重来的例子有很多。下面是软件项目完工后与最后交付的系统之间的变动分析，如表 6–1 所示。

表 6-1　软件项目完工后与最后交付的系统之间的变动分析

变动内容	变动的可能性（非互斥关系）	对工作量的影响（进度、成本）
界面元素、界面风格、界面的易用性、前台的业务逻辑	80% +	较小
设计上的变更、后台业务处理逻辑、数据库的变更、易用性设计的变化	50% ～ 60% +	较大
返工的需求、局部返工或推倒重来	20% +	大
增加的需求、范围的扩大	20% ～ 30% +	大

作为一名软件业务员，如果最后向客户交付的系统经历了多次返工，一定要把这个返工辛苦故事讲给客户听，让客户知道你们在背后付出的努力。返工辛苦故事可以这样讲。

"刘总，您可不知道，这个项目真是费尽了团队的心血呀！半年前，团队辛辛苦苦熬了几个月的通宵，终于确立了您公司的 ERP（企业资源计划）需求，规范了工作流程，系统配置也完成了。正准备按部就班上线 ERP 系统时，您打来电话说不想这么做了，提出了新的需求。这对于我们真是一个晴天霹雳。或许您不知道，有时候您仅仅是简单的一句话，对于系统的调整工作量就是非常大的。

但是您是我们的上帝呀，我们再辛苦也要让您百分百满意不是？所以我们选择了返工，重新确立 ERP 需求，重新规范工作流程，重新做系统配置。中途，您又几次变更了需求，所以项目实施进度才会一再调整，上线日期也随之一再拖延。不过万幸的是，项目终于可以交付了，看起来您也很满意，不枉费团队长时间没日没夜地加班。刘总，希望以后有机会我们可以再次合作。"

交付项目时，客户看到的只是一个项目，而对你来说却是无数次返工的结果。所以，把返工辛苦故事讲给客户听，不然客户怎么知道你们在背后付出的努力呢？

情景测试 1：客户抱怨你对他不上心，故事就得这么讲

客户抱怨你对他不上心，首先自己要反省，是不是自己做得不够好、不够多。有的销售员听到客户一开口问价钱，随后就没有动静时，会以为客户只是想了解一下价格而没有真正的购买意向。

姜先生打算买一辆 40 万元左右的车。一般汽车 4S 店在展厅设有销售前台，由展厅销售员按时轮流上岗迎接客户。这样做的目的是为了让客户一到 4S 店，就立刻有销售员上前接待，给客户留下一个记忆深刻的第一印象。

然而，姜先生去一家 4S 店，到展厅门口时，没人上来迎接。进展厅后，也没有销售员来接待。而他看到不远处有三个销售员笔挺地站在那里，也不主动过来。

姜先生主动打招呼，才过来一位销售人员。由于姜先生以前也去 4S 店看过车，从来没有遭受过这般冷遇，他很不解地问："难道这次是我没有提前电话预约？"

这位销售人员也不回答，直接拿来汽车宣传资料给他，就又走开了。姜先生非常窝火，心想：现在这个店就是这种态度，那么维修的时候态度也不会怎么好，自己何必自己花钱找罪受。于是，姜先生走出展厅，去了

另一家。终于在另一位销售员的主动帮助下，订购了一辆车。

销售员面对客户的时候，如果是自己没去努力，那么客户肯定会选择其他竞争对手。如果自己背后的付出客户没有看见，那么就需要向客户讲一个故事。下面以保险销售员为例看这个故事怎么讲：

"杨姐，您说我对您不上心，那我可就太委屈了。记得我去年3月份的时候进入保险行业，没有客户群，不知道开单技巧，完全不知道该怎么办，于是按照公司的安排开始去送报，进行拜访。有一天，我碰巧把报纸送到了您家里，跟您聊了一会儿。当天晚上，您打电话和我说您家的车险4月份到期，到时候会找我。在电话里，我听到您丈夫问您'信得过吗？不会是骗子吧？'当时我还以为没戏了。4月份的时候，我从网上得知了每周发送周末祝福短信联系客户感情的方法，于是我开始每周给您发短信。发了四五次之后，您在我这里办了车险。

您可是我的第一个客户，我是非常感激您的。为了向您表示感谢，只要公司有礼品，我就会给您申请一个，第一次是汽车安全锤，第二次是一个车载吸尘器。由于您家的旁边是卖水泥的，我还给您发了微信提醒您说：水泥的灰尘进入肺部以后，很可能会遇水形成沉淀，而且很难自然排出……我知道您经常自己一个人在家会感到无聊，只要工作闲下来，我就会跟您聊聊天。说了这么多，您还能说我对您不上心吗？或者是我哪里做得不够好，杨姐您跟我直说，我一定会给您一个满意的答复。"

向客户讲述自己对他如何上心的故事时，可以从两方面出发，一是工作上为客户付出的努力，二是作为朋友对客户的关怀。对客户的关怀是最重要的一点，因为大部分销售员都会因为工作的关系而对客户上心，而只有很少一部分销售员会把客户作为朋友给予关怀。

情景测试 2：客户让你打折代理费，故事怎么讲

如果客户让你打折代理费，你需要向客户说明，如果接受客户的要求自己将会受到什么样的处罚，由此争取客户的同情和谅解。

客户："小东呀，你看我们都合作多年了，每个月代理费都按时给你们打过去了，从来不拖延。但是，由于最近是销售旺季，进货较多，挤占了一部分资金，这个月的代理费能不能给我们打个折呀？"

黄东："牛总，由于您是我们多年的老客户，上一年的时候，我就向公司申请了特殊优惠政策，在正常代理费的基础上额外申请了五个点的价格优惠。而且，我们公司每次有优惠活动，我都第一时间帮您申请到了。为这事，我没少受其他客户的抱怨，他们都说我对他们不公平，甚至把我告到上级那里了。上个礼拜公司开全国销售员会议的时候，销售总监还点名批评我，要我作检讨呢。牛总呀，您可不能再让我难做了。"

客户："噢，是这样啊。咱们多年合作愉快，你也帮了我不少忙。好吧，资金虽然紧张，但我也不会少给你们一分钱，可不能让你再难做了。"

客户永远都不会嫌优惠多，如果你每一次都满足他们，会变得越来越难做。在给客户优惠的同时，最好让客户知道你付出的努力与牺牲，让客户知道给他的优惠是建立在自己的痛苦之上的。这样，客户就不会为难你。

第七章

专业度故事，你的实力让客户看见

要想在客户面前体现自己是一个专业的销售员，一个专业度故事可以完成这一点。比如，房产中介经纪人向客户炫耀自己比任何中介都更熟悉市区地形是没有用的，但如果向客户讲述一个自己曾经带着客户一上午看了四处房的故事，就可以表明自己对地形的熟悉程度。

为结果买单前，都想找一个资深的销售

比起普通销售员，资深销售员的销售业绩往往更好。因为资深销售员的专业度更高，更让他们放心，所以客户都愿意和专业度高的销售员成交。不管你推销什么，人们都尊重资深的销售员。如果你能够在客户心中建立资深销售员的印象，那么客户会很愿意坐下来耐心听你说话的。

比如，有时我们能看到一位销售员跟上司一起去拜访客户。"这位是我们的地区副总裁冯英先生，他想和您交换一些您可能感兴趣的意见。"在这种情况下，客户往往愿意听听他的看法。

对于销售员来说，应当以资深销售员的形象面对客户，这样有利于成交。普通销售员与资深销售员的区别是什么呢？普通销售员的目的是卖出产品，销售过程也只是一味地说服客户购买。而资深销售员会站在专业角度和客户利益角度为客户提供专业意见和解决方案以及增值服务，使客户做出对产品的正确选择，同时建立起对品牌的感情及忠诚度。

普通销售员认为，客户是上帝，好产品就是性能好、价格低。而资深销售员认为，客户是朋友，是与自己存在共同利益的群体，好产品是客户真正需要的产品，销售产品建立在与客户充分沟通的基础之上。

拿推销保险为例，一个资深销售员会这样开始谈话："在过去几年中，保险业发生了很多变化。如果您不介意的话，我想花几分钟时间简单地回顾一下与我们有关的情况……"然后再给客户讲几个保险行业的案例故事，客户绝不会当你是一个保险销售新手。

过程衡量：是否考虑周全

　　为了让客户看到自己的实力，在给客户讲专业度故事的时候，要考虑三个方面。首先，这个故事应当体现自己为客户服务的过程中能够为客户考虑周全；第二，这个故事应当体现客户与你交易后结果达到了预期；第三，这个故事应当体现你对客户始终如一的良好服务态度。先看一个为客户考虑周全的故事如何讲：

　　"郑女士是我一个老客户，她经营一家公司，生意特别好。三年前，郑女士生了一个儿子，家庭、事业皆春风得意。为了合理规划财富，为孩子构筑可靠、稳健的未来，郑女士找到我，希望我可以为她配置保险。综合分析了郑女士的公司、家庭情况后，我给她推荐了'丰沃一生年金分红保险'，那是专门面向高端客户的终身保险理财产品。

　　该保单每年派发生存金，可终身领取。另外，客户还可以参与分红。生存金和红利若不领取还可以享受累积生息，待有需要时领取。一旦被保险人身故，将获得保险费全额返还或者额外获得一倍保险费返还。该保单还可以申请保单贷款，最高申请现金价值的 80%，贷款期间分红收益与保障不受丝毫影响。

　　去年，郑女士找到我，说公司运营中急需一笔资金周转。经系统中试算查询，我了解到郑女士可以领取生存金和分红，还可以申请保单贷款，于是将客户保单的可用资金一一罗列，为郑女士筹集了 10 万元，解了客户的燃眉之急。事后，郑女士特意向我表示感谢，说多亏我考虑周全，帮她选了可以申请保单贷款的分红型保险。"

结果衡量：是否达到预期

我们在第三章"结果：要直观，尽量用数字或百分比表示"一节中讲到"销售员不要去卖产品，而是要卖结果"。产品越靠近客户想要的结果，客户就越容易采取行动。所以，在讲故事的时候，销售员不需要刻意跟客户去背产品的"十大优势"，而是要关注客户的需求，突出在哪种行动下得到了哪种结果。比如：

2017 年，北京天通苑房价 4 万元/平方米左右，2005 年房价 2 650 元/平方米，近十二年平均增速约 22%，周洁、周浩夫妻俩咬牙签了购房合同，尽管月供压力很大，但是他们觉得选择对了，因为同户型的房子三个月后的成交价高了接近 50 万元。

专业度故事也需要描述一个客户达到预期的好结果，至于如何描述这个好结果，上文已经详细介绍，这里不再赘述。

态度衡量：是否自始至终不变

很多大宗商品的销售员总是将销售产品看作是一锤子买卖，这使得客户非常没有安全感，不敢轻易成交。所以，销售员向客户讲专业度故事时，要表现自己对客户的积极态度自始至终不变。比如说：

"赵先生，您就放心吧，与我交易的客户，我从来没有让他们失望过。

张太太是我的老客户，她前年从我这里买了一辆汽车。后来，我每隔3个月就要跟张太太打个电话询问汽车的使用状况，看她是不是需要帮助。而每次听到张太太友好地对我说'没有任何问题，一切运转良好，谢谢你的关心'时，我的心里都是十分温暖的。

后来张太太的邻居杨先生也成为我的忠实客户。据杨先生说，张太太总是很自豪地对他说起我的事情。杨先生在我这里购买汽车的同时，还购买了大量汽车零部件，后来汽车的更新换代也经常找我商量。您看，我的客户们都主动帮我转介绍其他客户，我的服务能差吗？赵先生，您从我这里放心买车，我绝不能让您失望。"

销售绝不是"一锤子买卖"，它是一种长期的过程。用一个和客户保持友好的关系、客户购买产品后的服务跟进故事，可以很好地说明自己对客户的态度自始至终不变。

情景测试 1：客户听不懂专业术语，怎么办

销售员向客户展示自己的专业能力，不一定非要说专业术语，因为客户很有可能听不懂。

王贝想要购买一套具有古风韵味的家具，于是便去了一家红木家具店。销售员听了王贝的想法和要求后，便为王贝讲解家具的样式问题，包括是想要霸王枨还是罗锅枨，家具的接入方式是想要夹头榫还是插肩榫。王贝不明白这些名词是什么意思，被这几个专业术语搞得一头雾水，只好无奈地离开这家店。王贝是这样想的：我根本搞不懂这些专业名词，算了吧，给自己留点面子，还是去别家看看吧。

与上述家具销售员犯同样错误的还有保险推销员刘晨。

刘晨从事保险业时间不足两个月，由于业绩压力，刘晨显得格外着急。听说邻居张先生有投保的意向，于是去拜访张先生。

自从张先生打开房门之后，刘晨就一股脑地向张先生炫耀自己是保险业的专家，一大堆专业术语向连珠炮一样射向客户。而张先生之前没有投过保险，对保险一点都不了解，所以听到最后只有一个感觉：头很晕。

然而，刘晨没有发现到张先生眼神的迷茫，更是接二连三地大力展示自己的专业，什么"豁免保费""费率""债权""债权受益人"等一大堆专业术语让张先生如同进入云里雾里。碍于邻居的面子，张先生虽心生反感，但还是耐心地听完了刘晨的介绍，当然拒绝也是顺理成章的了。

上述家具销售员和保险推销员都在不知不觉中耽误了促成销售的商机。仔细分析一下就会发现，销售员把客户当作是同事在交流，满口都是专业术语，让人怎么能接受？既然听不懂，购买产品又从何说起呢？只有销售员能把这些专业术语用简单的话语来进行转换，让客户听后明明白白，才能达到沟通的目的，进而促成产品的销售。

其实在销售产品时，一些专业术语并不是销售员刻意说出的，而是他们在接受培训，与同事交流时经常说的，形成了习惯。但是在面对客户时，他们没有意识到这个问题的严重性，依然习惯说那些专业术语，一般客户就很难接受。因此，销售员应当学会以大家日常使用的话语来说明自己的产品，这样不但让客户容易接受，还能让客户感到贴心。

有些销售员为了表示自己具有丰富的专业知识或较强外语能力，在向客户介绍产品时喜欢穿插一些客户听不懂的专业术语或外语，然后再大费周章地向客户解释这些用语的意思。这样的销售员或许沾沾自喜地认为自己非常专业，所以才会用这些别人听不懂的用语，却忽略了这样介绍产品往往会降低客户了解产品的欲望。

如果在介绍产品中涉及专业术语，销售员应当用通俗的语言来讲述，而通俗的最好办法就是讲故事。下面我们看 PC 保护屏的销售经理杨哲是如何用形象的小故事代替几千字的企划案，从而赢得订单的。

有一次，杨哲所在的公司想把这一产品推销给当地的一家企业。在数次的谈判中，杨哲所在公司虽然提出了长达数千字的企划案，但结果仍一无所获。这一次，杨哲出马了，与客户谈判时，杨哲站在客户面前，把一根棍子举在面前，两手捏紧棍子的两端，使它微微弯曲，说道："各位先生，这根棍子只能弯到这个程度。"说完这句话，他让棍子恢复原状。

"所以，如果我用力过度，这根棍子就会折断，不能再恢复原状。"他用力弯曲棍子，超过棍子的极限，于是棍子的中央出现裂痕，再也不能恢复本来笔直的形状。"这就像人们的视力只能承受某个程度的压力，如果超过这个程度，视力就难以恢复了。贵公司的员工们长时间接触电脑，电脑对视力的伤害就不言而喻了。而我们的产品不但能够抵御电脑的各种辐射，还能够缓解视疲劳等。"最终，该公司决定向杨哲购买一批 PC 保护屏。

PC 保护屏的推销过程往往涉及大量专业术语，客户很难理解。而杨哲比较擅长把那些晦涩的专业术语形象化，让客户容易理解。

海尔电器的销售员也擅长用故事向客户解说产品。有一次，客户询问销售员："你们产品质量咋样？"销售员没有直接回答客户，而是给客户讲了一个故事："1985 年，海尔从德国引进了世界一流的冰箱生产线。一年后，有用户反映海尔冰箱存在质量问题。海尔公司在给用户换货后，对全厂的冰箱进行了检查，发现库存中有 76 台冰箱存在各种缺陷。时任厂长张瑞敏决定将这些冰箱当众砸毁，并提出'有缺陷的产品就是废品'的观点，在社会上引起极大的震动。海尔'砸冰箱'事件唤醒了海尔人的质量意识，三年后海尔拿到中国首个质量金奖，此事也成为最知名的品牌传播故事。"

可以替代专业术语来说明产品的故事，归纳起来有以下 8 种，如图 7-1 所示。

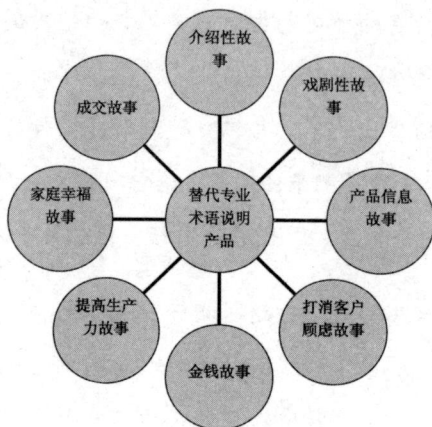

图 7-1　可以替代专业术语来说明产品的故事

（1）介绍性故事：产品是什么、产品对客户有什么用、产品将会为客户的生活带来哪些改变。

（2）戏剧性故事：能够引发客户对你和你的产品产生兴趣并予以注意的故事。戏剧性的故事能够使客户想要听你接下来的话。

（3）产品信息故事：把产品的特点及优点融入故事中，然后讲给客户听，让客户不知不觉对产品产生认同感。

（4）打消客户顾虑故事：客户存在一些顾虑，包括担心产品质量不好、售后服务不完善等，销售员此时可以讲述一个其他客户也有过同样的顾虑，但是最后风险并没有发生，还成为忠实客户的故事。

（5）金钱故事：一个客户买了你的产品和服务，最后想方设法帮助他省钱、赚钱的故事。

（6）提高生产力故事：一个客户因为购买了你的产品和服务，最终帮助公司提高效率、降低消耗、增加产量、减少差错的故事。

（7）家庭幸福故事：一个客户因为使用了你的产品而增进了夫妻双方感情、促进家庭和睦的故事。

（8）成交故事：一个客户在何种情况下以何种方式跟你成交的故事。

客户听不懂专业术语就不要讲，用一个故事代替专业术语的说明效果会更好。

情景测试 2：客户说产品不是自己想要的，怎么说

在销售过程中，有时会遇到客户的要求无法满足的情况。此时，大部分销售员的做法是放弃这单生意，寻找下一个目标客户。他们的想法是，既然自己没有客户想要的产品，那么生意肯定是做不成的，所以没有必要再浪费时间。事实上，情况并非如此。

"我们很难得到自己希望得到的一切"这几乎已经成为人们的共识。既然得不到希望得到的一切，那么他们得到了什么呢？回想一下你上次买衣服的情景，你得到你所希望的一切了吗？一定没有。事实上，即使你再多花一倍的价钱买衣服，你仍然得不到你所希望的一切。很多人花上一天甚至几天的时间逛街买衣服，依然找不到心中最中意的那件。或许，到最

后他们才意识到这件中意的衣服根本就不存在。但是，他们依然买下了不少衣服。

张女士有两个孩子，打算购买一套房子。小李是房产经纪人。下面是这两者的情景对话。

张女士："我想住得离购物中心近一些，你推荐这个房子我现在不考虑。"

小李："张姐，这房子确实不像您所期望的那样离购物中心很近。不过现在您看中的区域确实没有合适的房子。"

张女士："我还是想住得离购物中心近一些，你推荐这个房子我现在不考虑。"

小李："张姐，现在房价上涨趋势很明显，我之前有位客户准备好了首付，在犹豫不决中，房价涨了很多，另外您还有两个孩子。"

张女士："嗯，确实是这样。"

小李："我推荐您的这栋房子正是最适合您的房子。这个房子是学区房，离购物中心确实远了3千米。"

张女士："嗯，好吧。"

张女士这样的客户可以接受替换方案，而有些客户不接受替代方案，那我们就需要另一种销售方法。

销售员："杨经理，今天我来拜访您不是向您销售汽车的，我知道杨经理是销售界的前辈，我在您面前推销压力实在很大。大概我表现得很差，以至于几次拜访您都没能成功。请杨经理一定要指点一下，我哪些地方做得不好，让我能在日后有所改善。"

杨经理："你做得不错，人很勤快，对汽车的性能了解得又非常清楚。看你这么诚恳，我就坦白地告诉你，这一次我们要替企业的10位高管换车。当然，所换的车子一定要比他们现在的更高级一些，以激励士气，但价钱不能更高，否则我短期内宁可不换。"

销售员："原来是这样。杨经理，我之前给您推荐的车是由美国装配直接进口的，成本偏高，因此价格也就高一些，但是我们公司月底将从墨西哥OEM进来同级别的车，成本较低，价格要便宜一些。并且您一次购买10部，我一定说服公司尽可能地达到您的预算目标。"

杨经理："的确，很多美国车都在墨西哥OEM生产，贵公司如果有这种车，倒替我解决了换车的难题了！"

当销售员想尽各种办法都达不到客户的标准，不能令客户满意时，不妨凭借着多次拜访和客户建立的一些感情，像案例中的这位销售员一样，坦诚地向客户请教问题到底出在哪里。你谦虚地请客户赐教，客户大概是不会拒绝你的。

需要注意的是，请客户给予指导时态度要诚恳，让客户指出自己的产品到底哪里不符合客户的标准，让客户讲得具体一些。只要弄清楚产品和客户期望的标准之间有哪些差距，然后改进产品或是推荐更符合客户标准的产品，订单就不在话下了。

人都有得过且过的天性，你的客户也一样。而且，没有哪一个产品能满足客户所有的需求，所以销售员要做的就是提醒客户这一点，并强调找到了他最希望要的东西。即使产品没有满足客户所有的需求，客户还是会向你购买的。

第八章

概率故事，把侥幸方案改为必备方案

对销售员来说，讲好故事是通往成功的金钥匙。以4S店销售员为例，当他们向客户推销保险的时候，就需要向客户讲一个关于保险的概率故事。众所周知，开车发生事故具有一定的可能性，而不是必然的。但是，4S店销售员往往能够通过讲故事把作为侥幸方案的产品说成是必备方案。比如说，这个配置也许并不需要，这种保险买与不买差别不大，但是销售员讲完后，所有的配置、保险已经变成"买车必备"，而车主都愿意改为掏钱。

差别感：买与不买差别很大，这可是必备项

先看一个小故事。霍睿是云南丽江的一名导游，也向游客推销一些东西。上玉龙雪山之前，霍睿总是把大家聚集到一起，给大家灌输各种不带氧气瓶上山顶的风险。总而言之，要想自由在山上活动，毫发无损地下山，就必须买氧气瓶。有些旅客甚至一次买下两瓶氧气，还没有到山顶就已经吸光一瓶。然而，没有买氧气瓶的那些旅客发生了什么呢？什么都没有发生。

事实上，玉龙雪山并没有那么可怕，如果上去时间短的话，根本不需要氧气瓶。然而，霍睿总是能够将氧气瓶推销给大部分游客。道理很简单，想要让客户买单，就要学会讲故事，而且讲得越严重，效果越好。简单来说，就是向客户讲故事的时候，要突出买与不买的差别，将产品说成是必备项，这样客户就会毫不犹豫地下单。

那么，保险推销员如何利用差别感向客户讲述买与不买的差别呢？

拿客户李媛举例来说，假如李媛年收入8万元，但每年有5%的概率发生一个造成8万元损失的事故。现有一个保险，每年只需交0.4万元，如果发生事故则保险公司为李媛承担8万元的损失。

接下来就是四种情况：

1. 李媛不买保险，不发生事故，则收入8万元。李媛对这种情况十分满意，幸福感指数到达100%。

2. 李媛不买保险，发生了事故，则一年没有收入，饭都吃不上，幸福

感指数暴跌为 0。

3. 李媛担心幸福感指数跌到 0，所以拿出 0.4 万元买了保险。如果不发生事故，李媛收入 7.6 万元。由于边际功效递减，少一点收入对李媛影响不大，幸福感指数为 95%。

4. 李媛拿出 0.4 万元买了保险。如果发生事故，损失了 8 万元，但是保险公司赔偿了 8 万元，所以最后收入 7.6 万元，幸福感指数依然是95%。

这样看来，李媛如果买保险，只会发生第三和第四两种情况，幸福感指数维持在 95%。但如果不买保险，幸福感指数就有 5% 的概率从 100%跌为 0。

接下来再通过两个例子看买与不买保险的差别。香港演员黄日华的妻子梁洁华以及香港演员张达明都曾因为癌症而住院治疗，最终康复出院，但结果却是不一样的，原因是两方一方买了保险，一方没有买保险。

买了保险：尽管梁洁本身比较富裕，但梁洁是香港保险公司的高级经理人员，早就给自己买了保险，所以此次生病花费的 200 万港元全部都由保险公司报销。梁洁的病好了，而且没有花费家庭资产。

没买保险：张达明没有买保险，所以自己承担所有医治费用。最初的时候，张达明为了减轻家庭负担，甚至想要把房子卖掉。张达明的妻子作为医生，也辛勤上班接诊，减轻家庭负担。张达明的病好以后，基本上算是倾家荡产了。

作为保险推销员，将以上故事讲给客户听，大部分客户都不会拒绝保险的。

损失感：错过今天，就没有这个价格

在销售过程中，一些销售员经常对客户说，"这款衣服就剩下这最后一件了，而且货源也比较紧缺，短期内我们不会再进货了，您要不买恐怕以后真买不到了。"一般来说，只要是对这件衣服感兴趣的客户，都会"听话"地买下。销售员的话之所以起作用，是因为唤起了客户的损失感。

汽车 4S 店经常有促销活动。一般来说，客户今天看车，周末的时候，销售员就会给客户打电话，跟客户说："先生 / 女士，今天店里搞活动，价格有优惠，错过今天，就没有这个价格了。"

如果客户没有来看车的意思，销售员会接着说："之前有一个客户，店里搞活动当天，他刚好在公司加班。第二天急急忙忙赶过来的时候，活动已经结束了。当天活动当天优惠，错过了我们也没有办法，想要买选定的那一款，只能多掏四五千块钱。我们今天的活动限定名额只有 20 个，前 20 个到店订购的客户就能享受优惠。如果您现在过来，还来得及。"

销售员传达的信息很简单，那就是，要过来就趁早，不然名额没有了，优惠就没有了，也会像那个客户一样，损失几千块钱。

上述案例中销售员所使用的方法是通过限时优惠让客户产生损失感。无论是线上还是线下销售，给客户规定一个优惠的最后期限都有利于客户迅速做出决定。

比如，一位淘宝客服对客户说："我们促销的时间今天是最后一天了，以后就没有优惠了，所以现在买是最划算的时候……不然您得多花好几十元呢，省下的钱拿来买点儿别的东西多好……"大部分客户听到淘宝客服这样说都会立即采取购买行动。

再比如，客户在一家宝马汽车 4S 店犹豫是否购车时，销售员会透露出这样的信息："这款车是限量版的，如果不订下的话，就会被别人订了。下次还不知道什么时候会有呢！"客户听到这样的话，就会立即做出决定，一般会抓住机会，马上下单。

总体来说，唤起客户损失感的方法有两种，一种是限时，一种是限量。

限时："限期促销""限时促销""最后一天打折""跳楼价，最后三天，一件不剩"（见图 8-1）等都是通过限时唤起客户损失感的方法。它们向客户传递一种"超过期限就不能享受如此优惠"的信息，因而，客户往往会选择在此时将产品拿下，即使需要排队等待也乐此不疲。

图 8-1 通过限时制造客户损失感

限量：大型商场经常举办这样的促销活动：产品限量出售，每人限购几件，售完为止。限量购买的方式非常容易吊人胃口，客户担心自己买不到，而被其他人捷足先登。当客户对一件商品表现出喜欢的样子，犹豫不决时，销售员应该告诉他："这种商品卖得很好，但是货源短缺，只剩最后一批了，特别抢手。"这样就可以唤起客户的损失感,当下做出购买决定。

客户在损失感的支配下非常容易做出非理性决定,而销售员可以利用这一点。图 8-2 中的案例故事就把这一点体现得淋漓尽致。

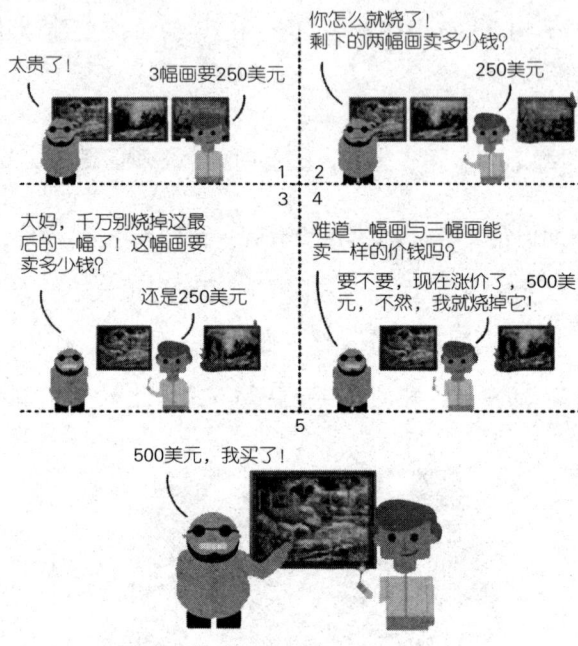

图 8-2 损失感对客户的支配作用

恐惧感:客户之前没买,后果很严重

销售员如果通过电话、面对面沟通等方式,向客户告知身边某种潜在的威胁、危害以及严重后果,就会使客户产生恐惧感,并在恐惧感的驱使下购买产品。具体来说，销售员需要让客户看到身边潜在的危害，将问题放大来说，使客户通过眼前的事实以及现场感受与体验自己说服自己，并急切地想要销售员帮助其解决问题。

恐惧感是一种复杂的、令人不舒服的情绪体验，有人也认为它非常有趣。科学上解释人在产生恐惧感的时候，肾上腺素分泌增多，会产生一种原始的、本能的攻击或逃避的反应，然后促进荷尔蒙分泌，产生满足感。在人脑里，关于恐惧与满足的区域有部分重合。恐惧是人体最重要的保护机制，以免受生命威胁。

客户的恐惧感对销售员来说是有利的，因为当客户产生恐惧感时，就会急于找到摆脱恐惧感的方法。比如当客户的形象被贴上最差标签的时候，客户就会产生恐惧感。这时销售员会蜂拥而来，包括服装、健身、化妆品等各个行业。他们试图推销自己的产品或服务，为客户解决问题。

保险推销员向客户推销车险的时候，首先可以这样说："南方经常下雨，买一个涉水险是很有必要的；您的车子平时停靠在小区，淘气的孩子比较多，划痕险可要买；夏天天气热，车辆在高温下线路存在安全隐患，自燃险是必不可少的。当初有一个客户就是为了省那几百块，结果下雨天车子浸水了，强行启动发动机，最终损失了几万块钱，真是得不偿失啊！"

为了让客户的恐惧感更大，一定要拿一个之前没有买保险，结果很严重的客户作反例。这样就能暗示客户，如果不买保险将会像例子中的客户一样损失惨重。要想制造客户的恐惧感，在此基础上完成销售，销售员需要遵循两个步骤。

第一，找到目标客户的情绪弱点。

恐惧普遍存在于在现代社会中：人们对于经济危机的恐惧，对于失业的恐惧，对孤独的恐惧，对疾病的恐惧，对灾难的恐惧等等。还有一种恐惧被人类学家称为"全景恐惧"，是指一种扑面而来的失控感，这种高度恐惧会使消费者产生问责、悔意、负罪感，急于得到安慰，从而将情感转化成行动，产生快速的消费。销售员要找到客户的情绪弱点，加以刺激，对症下药，就能俘获客户的心。

第二，满足消费者的渴望。

对客户的情绪弱点进行剖析之后，将之作为突破口，给客户提出建议，引出正题——我的产品可以化解你的危机、满足你的渴望。

利用客户的恐惧感促进销售是一种重要的战略应用。产品的立足点是为客户解决某种问题，而产品解决的问题可以使客户在情绪上找到落脚点，这是销售员与客户最深层次的沟通。

有些销售员故意夸大客户生活中的危险和疾病的危害，借以欺骗客户的钱财，这种做法是不可取的。他们所提供的令人震惊的数据和原理，看似令人信服，常常是任意夸张乃至随口编造的。比如，有些销售员为了推销公司的补钙产品，向客户声称中国人 100% 都缺钙。这种观点本身是错的，目的是为了让客户买他们的产品。总之，销售员可以在事实的基础上引发并利用客户的恐惧感，但不能任意夸大。

优越感：买低配不如买高配，又不差太多钱

并不是每个人都能功成名就，理所当然地产生优越感。相反，大部分人都过着平凡的日子，承受着不同的压力。虽说常态如此，但是大部分人

还是希望感受到优越感的，因此，他们会比较喜欢那些能满足自己优越感的人。

对销售员来说，向客户推销产品时，有对比的产品更容易激发客户的优越感，让客户为了满足自身优越感而选择更高级的产品。比如，客户在面对某个产品时，如果被告知别人还未拥有，而产品是最新最潮的，即使这些东西对他并不一定有用，他也会购买。因为产品并不重要，重要的是如果有了产品，就可以领先于别人，就满足了自己的优越感。

推销员往往是这样说服客户的："车子开出去总免不了刮刮碰碰，新车打蜡、抛光少不了。为防砂石，挡泥板、底盘防锈也要装。第一次买车吧？倒车雷达、倒车影像作用可大了。车子本身有发动机防盗，不过买个有 GPS 定位的防盗系统更保险。车子放在露天停车场？那必须要买个车衣呀……之前有一个客户，为了省钱，什么精品都没有装，结果提车当天，还没有开到家，就撞车了。维修耗时耗力，多不划算。买个十几万的车，还差多掏几千块买精品吗？"

如果客户没什么反应，推销员会继续说："大哥，您想想在夏天的时候，车子停在路边，人在餐厅吃饭，出来时座椅是不是很热？这时，您可以先启动车辆，打开空调，等您进去的时候，车内明显凉快很多。其他人看着，该有多么羡慕您呐！"

受欢迎、被重视、被理解、及时服务、被帮助、被称赞、被记住、被信任等都是客户的心理需求，销售员要满足客户的各种心理需求，使客户产生优越感，这是达成销售的关键因素之一。

面对低配与高配，有经济实力的客户往往会通过选择高配满足自身的优越感。如果客户经济实力不足以承担高配的支出，那么如何满足其优越感呢?

彭奈创立的"基督教商店"是美国著名的零售商店。在第一家"基督教商店"刚刚开设的时候,有一个中年男人到店里买搅蛋器。

店员问:"先生,我们这儿的搅蛋器有不同的等级,您想要好点的还是次一点的?"

中年男人脸色有点不好:"当然是好的,谁会想要不好的东西?"

于是,店员就把最好的一种搅蛋器拿出来给男人看。中年男人问:"这是最好的吗?"

店员:"是的,而且这个牌子最出名。"

中年男人:"多少钱?"

店员:"20美元。"

中年男人:"什么!怎么会这么贵?朋友跟我说最好的也只有10美元。"

店员:"我们这里也有10美元的,但并不是最好的。"

中年男人:"就算这样,也不至于差这么多钱呀!"

店员:"还好吧,市场上还有1美元的呢!"

听了店员的话,中年男人的脸色特别难看,打算掉头离去。彭奈赶紧赶了过来,对中年男人说:"先生,您想买搅蛋器吧,我来给您介绍一种好的。"

中年男人表现出一点兴趣,问:"什么样的?"

彭奈拿出另外一个牌子的搅蛋器,说:"就是这种,您看看,样式不比那种差。"

中年男人："这种多少钱？"

彭奈："9 美元。"

中年男人："照刚才那位店员所说，这并不是最好的，我不要。"

彭奈："真是抱歉，我的这位店员刚才没跟您说清楚。搅蛋器有好几种牌子呢，每种牌子都有好有坏，我刚刚拿出的这种是这种牌子里最好的。"

中年男人："但是，为什么比刚才那种便宜这么多钱呢？"

彭奈："这与产品的成本有直接关系。每种品牌的机器构造都不一样，所用的材料也不一样，所以在制造成本上有差别。另外，不同品牌的推广力度不同，广告开销也影响了产品的成本，所以这两个牌子在价格上会有出入。至于刚才那种牌子价钱高，原因有两个：一个是它的牌子信誉好；另一个是它的容量大，适合做糕饼生意用。"

中年男人脸色缓和了很多，说道："哦，原来是这样的。"

彭奈又说："其实，这种新牌子越来越受到人们欢迎。就拿我妻子来说吧，她就喜欢用这种牌子，性能非常好。而且，它有个最大的优点，体积小，用起来方便，非常适合一般的家庭。您家里有几口人？"

中年男人回答："5 口人。"

彭奈："那真是太合适了，我看您就拿这个回去用吧，绝对不会让您失望的。"中年男人没有说什么，付钱买走了这种搅蛋器。

彭奈之所以成功把搅蛋器卖给了这位中年男人，是因为他摸清了客户的心理需求，维护了客户的优越感。中年男人一进门就说要最好的搅蛋器，表示他的优越感很强。然而，当他听到价钱比较贵时，不肯承认他舍不得买，而是把问题推到销售员头上，这是大部分客户的做法。假如你想做成这笔生意，一定要变换一种方式，在不损伤客户优越感的前提下，使客户买下其他的产品。

情景测试 1：客户不想买大额保险，怎么讲故事

面对有经济实力，却不想买大额保险的客户，销售员可以这样讲故事：

我有一个叫孙明的客户，条件应当跟您相似。他是一位房地产商，虽然曾经历过 20 世纪 90 年代的楼市低迷，但由于早期拿地成本极低，熬过寒冬后，终于在楼市的黄金季节翻身。现如今，他手里的楼盘销售一空，近两年赚得可谓是盆满钵溢。不过，在孙明和太太、儿子将座驾全部换成奔驰、宝马之后，他却始终有一个心结。经历过楼市寒冬的孙明深知市场变幻莫测。一直以来，公司就是孙明的全部，要是孙明倒了、公司倒了，什么都会倒，包括他的家！

尽管好多保险公司代理人找到了孙明，但是孙明对保险一向很排斥。后来，我也去拜访孙明，跟他说，一旦公司出现风险，即使他的房产、汽车都被追偿，但是保单是可以保留、不被追偿的。就这样，孙明被我说服，购买了我公司的保险产品。按照孙明的保险计划，孙明年缴保费 200 万元，缴费期 10 年，相当于 10 年向保险公司贡献 2 000 万元，但也相当于孙明 10 年间为自己存下 2 000 多万元。按规定，即便孙明的生意失败，我们向

他赔偿的上亿资金也能保证其一家人仍可以过上体面的贵族生活。

您的条件并不比孙明差，为什么不为自己以及您的家人铺好后路呢？试想一下，如果您不购买保险，当您与孙明同时在生意上发生意外，两者该有多大的不同呢？

总体来说，销售员要围绕"保险是给家庭财富穿上防弹衣"的主线讲故事（见图8-3），让客户意识到保险的重要性，然后再向客户说明买与不买的差别，让客户在差别感中将保险视为必备方案。

图8-3　客户不想买大额保险，怎么讲故事

情景测试2：客户爱人觉得不需要保险，怎么讲故事

如果客户爱人觉得不需要保险，销售员可以这样讲故事：

"说实话，我曾经遇到过跟你一样的一位客户程太太，她老公也不同意购买保险。程太太是一位全职主妇，但是非常有主见。尽管她老公不同意，

169

她还是在私底下购买了高额少儿险，目的是帮她老公攒钱。程太太说，虽然她老公事业不错，但是花钱大手大脚。2015年股灾来临时，她老公在股市亏了100多万元。虽然对家庭财富影响不大，但还是让程太太心疼。而且，由于她老公出手大方，每年的人情开支都有几十万元，不是三姑的儿子要买房，就是四婶的女儿要出国。

　　程太太无数次在枕边与老公谈这个事情，但依然无法改变老公的性情，于是就私底下来求助于保险。由于程太太已经跟保险公司签订了年缴60万元、缴费10年的少儿险大单，她老公只能'听话'地为他们的儿子缴纳'成长基金'。通过这个事情，程太太跟我感叹道，男人闲钱太多总想花掉，而保险是个名正言顺掏男人钱的好东西。"

第九章
与其骨感，不如讲一个丰满的故事

　　在以苗条为美的现在，"爱美之心人皆有之"已经变成了"爱瘦之心人皆有之"。女孩子们纷纷争当"骨感美女"，胖了一两斤就跟要了她们的命一样。但对于故事来说，与其骨感，不如丰满。丰满的故事更容易调动听众的注意力，引发共鸣。

每一位客户都是一个感性的人

对企业来说，销售部门是至关重要的。因为再好的产品没有销售出去，也只能放在仓库里等着发霉。而那些不是很完美的产品，常常因为销售员的专业素质和个人魅力而成为畅销品。之所以会有这种情况，是因为销售员更容易调动客户的感性情感，让客户在情感的驱使下作出购买行为。

保险推销员蔡文向上海阳光投资公司的白经理推销保险，但推销了多次都没有成功。有一次，蔡文在街上闲逛，看到有两个小孩在给人擦鞋挣钱，于是心生一计，当即就带了一个擦鞋的小孩去见白经理。

蔡文："白经理，这是我最后一次和您见面了，打扰您这么多天，我非常抱歉。为了向您表示歉意，我今天专门请了一个人帮您擦鞋，希望您能同意。"

白经理见蔡文一脸真诚，就同意了。蔡文趁着擦鞋的机会，便主动和白经理聊起天来。

蔡文："白经理，您看这个孩子本来正处在上学的年纪，却由于生活所迫不得不出来擦鞋，您觉得是不是很可怜啊？"

吴经理："确实挺可怜的。"

蔡文："听说您也有一个儿子，和这个小孩的年龄差不多。您是从事投资管理工作的，一定知道投资的风险有多高，而我们人生的风险也很高。虽然您现在事业有成，有能力给您儿子提供很好的生活，但未雨绸缪总是好的。趁着您现在这么有钱，很有必要为自己的家庭买一份保障。当您购买了这份保险后，您家人会更加有安全感，您也一定会觉得物超所值的！"

白经理看了看正在给自己擦鞋的孩子，又想起自己的孩子，心中很有感触，最终决定购买该公司的保险。

虽然前几次的推销都没有成功，但蔡文没有气馁，在最后一次推销中积极地调动客户的情感，让客户变得感性起来。更重要的是，蔡文抓住了白经理爱子心切这一心理，最终拿下了保险单。

在销售过程中，销售员要想说服客户，光靠单纯介绍产品是行不通的，最好的方法是在说服过程中配合一些小故事调动客户的感性情感。怎样调动客户的感性情感，让客户在感性情感的影响下作出购买行为呢？

第一，使用身临其境式词语。

和客户沟通的时候，可以多说"当您使用它的时候……"这种能使客户产生一种身临其境的感觉的话，而不要说"如果""假如"等词语。"当……"这样的说法具有非常好的暗示效果，可以激发客户的感性思维，让客户不自觉地去想象已经购买了这个产品之后的信息。教客户怎样使用产品，而不是说服他购买的做法，可以避免客户的抵触情绪，激起客户对产品的占有欲。

比如"当您使用这辆车的时候，就会发现它大大提高了您的办事效率，我敢肯定您一定会非常喜欢它的"。而如果我们说"假如您有这样一辆车……"这样的语言会使客户产生一种可有可无的感觉。

再比如，你卖的是按摩床垫，如果客户的身材比较胖想减肥，那么你就可以突出床垫通过按摩人体的特定穴位来达到辅助减肥的功效。你可以说："使用了这种床垫，当你每天晚上躺在床上，睡着的时候脂肪都在自动燃烧，那种变苗条后的轻松感觉是多么痛快和舒服。"这样，通过身临其境式的语言帮客户想象减肥成功后的感觉，可以强化产品在客户心中的印象，客户自然会想要马上拥有这种产品。

第二，通过相似性加深客户的印象。

销售员："您决定购买一款相机，是吗？"

客户："是的，不过一定要全自动的。我想把它作为礼物送给儿子，他年纪还小，在读初中，所以一定要是容易使用的。"

销售员："容易使用，好的。那您的预算大概是多少呢？"

客户："2500 元左右吧。"

销售员："好的。我觉得这款佳能相机挺符合您的要求，目前特价只要 2388 元，这是在您预算范围内最容易使用的相机，完全自动。出游时，您儿子所要做的只是选取好想要照的景象，然后按下快门就可以拍照了，就这么简单。"

客户："嗯……"

销售员："输出也十分容易，只要用数据线连接电脑即可，非常简单的。"

客户："就这么简单？"

销售员："就这么简单！它是全自动的，使用起来确实比较简单。我女儿今年 13 岁，我给她买的也是这个款式的，您打算今天就买吗？"

客户："现在有货吗？"

销售员："当然。"

客户："好吧，我就买这个了。"

案例中，销售员在得知客户的特定需求是一个使用简单的相机时，他就仅仅为客户描绘了一幅如何轻松使用相机的情景，并将自己女儿也使用这款相机进行了描述。客户的印象非常深刻，所以最终买下了这款相机。

销售员在满足客户的需求时，可以把两种方法结合在一起运用可以产生更大的感染力和推动力。比如，你卖的是美白面膜，如果客户肤色不是很白，正想美白的话，那么你就可以不断地讲述面膜的美白功效，还可以将其他客户使用的结果描述出来，进而达到销售的目的。

加大：故事人物的需求

一个丰满的故事要求故事人物的需求越大越好。需求即差距，就是现实与期望之间的距离。从客户的角度来说，需求有六大层次，内容如图9-1所示。

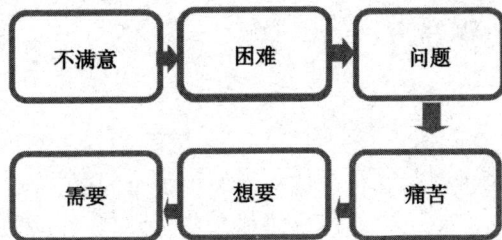

图 9-1　需求的六大层次

1. 不满意

客户在产生某种需求的时候，第一个阶段表现出来是对现状的不满意。这些不满意就是销售员可能进入的关键点。

美国一位名叫乔治·赫伯特的推销员，成功地把一把斧子推销给了小布什总统。一位记者在采访他的时候，他是这样说的：

"我认为，把一把斧子推销给小布什总统是完全可能的，因为小布什总统在得克萨斯州有一处农场，里面长着许多树。于是我给他写了一封信，说：有一次，我有幸参观您的农场，发现里面长着许多矢菊树，有些已经死掉，木质已变得松软，严重影响了您农场的美观。我想，您一定需要一把小斧头。但是从您现在的体质来看，这种小斧头显然太轻，因此您需要一把不甚锋利的老斧头。现在我这儿正好有一把这样的斧头，它是我祖父留给我的，很适合砍伐枯树。假如您有兴趣的话，请按这封信所留的信箱，给予回复……最后他就给我汇来了15美元。"

乔治·赫伯特就是从对现状的不满意出发，给布什总统创造需求的。

2. 困难

当客户对现状的不满意程度随着时间的推移慢慢扩大，这种不满意会表现为一种困难。当客户的日常生活被一种困难严重影响的时候，便是销售员进一步切入的最好时机。

3. 问题

当客户的困难进一步演化，就会表现出很多问题。这时，客户开始考虑问题对自己的影响程度。他们也许无法接受这些问题，也许想着以后再解决这些问题。此时，销售员可以把客户的问题扩大化，引导客户产生解决问题的迫切感。

4. 痛苦

当客户的问题进一步恶化，或者被销售员有意识地扩大化以后，客户开始产生痛苦。当客户感受到问题的严重性时，销售员要进一步把客户的痛苦感加剧，让客户难以忍受，从而接受你给出的解决方案。

5. 想要

当客户的痛苦持续到了一定程度，会主动开始考虑如何减轻痛苦，从而产生了解决问题的想法。此时，客户自身对解决方案是想要的，而销售员在这种情况下已经由被动变为主动。销售员只要做好解决方案提供给他们就好了。

6. 需要

当客户主动想要了，再加上对解决方案有了一定的了解，就针对某种产品或者服务产生了需要，这是最接近成交的一种需求层次。对销售员来说，客户已经基本到手，需要做的只是为客户寻找最佳的解决方案，解决他们的问题。

在讲故事的时候，销售员可以对照故事人物的需求属于哪一层次。如果可以加大故事人物的需求，加深故事人物的需求层次，故事将变得更加丰满一些。

加多：完成困难的程度

一个身份和能力相对普通的人突然进入一个特殊环境，面临一种困难，他需要使出浑身解数来处理这个困难情况。这在故事里是最常见、最原始的情景之一。由于大部分客户都是普通人，所以很容易对故事中的主角产生同情。那么，在普通的一天突然发生了不普通的事情，都有哪些情况呢？

比如，父亲的公司突然倒闭，自己从富二代变成了身无分文的穷光蛋；妻子嫌弃自己无能要跟自己离婚；倒热水时打碎了暖瓶导致自己面部大面积烫伤……如果遇到这些就是摊上大事儿了，普通人如何来应对？

这种故事情节主要由两个简单部分组成，一个是作为主角的普通人，一个是主角面临的麻烦、困难。主角越普通，完成困难的程度越大，越是压得听众几乎要窒息，故事就越是吸引人。最重要的规则是：完成困难的程度越大，主角就显得越伟大，故事效果就越好。不论面临的困难是什么，主角都能成功地使出浑身解数战胜更为强大的反面力量。试想，如此强大的困难摆在主角面前，一旦主角将这个困难解决了，听众心里会感到多爽！

加大故事人物的需求与加多完成困难的程度结合起来，达到的效果是加强了故事情节设定中戏剧冲突的力度。超过 70% 的故事情节不够丰满的原因就是初始设定的戏剧冲突不够强烈，无法引起听众的情绪波动。

一个故事情节的戏剧冲突如果不够强烈，就很难通过情节本身取胜，只能通过文字的语感、节奏、情感等将听众带入情境。如果你想让自己最初的大致框架设定得很完美，那么除了加大故事人物的需求或欲望、加多主角完成困难的程度以外，还要加强主角去解决这个问题的执行力和智慧。

加强：主角的执行力或智慧

再说主角的执行力或智慧。陈莉是一名销售员，主要销售一款减肥产品，每当有客户问起产品使用效果，她都会给客户讲述张娜的故事：

张娜怀孕时，害怕宝宝发育不良，营养不够，所以拼命地喝各种汤、营养品。

张娜生完宝宝后，体重大增。为此几个月没吃过晚饭，最初她饿得在床上翻来覆去、彻夜不眠，可坚持了半年，胃严重抗议，没瘦不说，吃一点生冷就痛，多吃一点儿油腻的就会吐。

有一次，张娜和老公一起抱着孩子出去逛街，她老公在试衣服，销售员居然对她说："姐姐你真好，还带弟弟出来买衣服。"当时把她气坏了。

不就是管住嘴，迈开腿吗？她每餐只喝一碗稀饭，一天跳两次减肥操，可是，她只料到了开头，没料到结尾。万万没想到怀孕时就被撑大的胃口，已经降不下来了。

经朋友推荐，张娜找到了我，我给她推荐了这款减肥产品。去年一年她瘦了20公斤，现在她经常在朋友圈发自拍照呢。

在张娜的故事里，她是一个有着强大行动力的主角，她必须不停地去解决减肥的难题。

综合起来看，讲一个丰满的故事，填充原本的故事情节，主要是从加大故事人物的需求、加多完成困难的程度以及加强主角的执行力或智慧三点出发。

删减：不必要的累赘情节

女性购物应当遵循一条法则，可有可无的东西就不买。一个故事也是一样，可有可无的累赘情节就不要。很多销售员给客户讲故事时，发现构建好的骨架无法填充，其中一个原因就是这个故事框架有太多的累赘，导致故事的戏剧冲突不够细致。从根本看，不必要的累赘情节会令整个故事的思路完全跑偏，难以下手去填充。

既然不必要的累赘情节不能帮助故事主线的发展，还会打乱故事主线，那么为什么不删除它呢？删除不必要的累赘情节后，就可以重新填充能丰富或推动主线发展的故事情节。

删减不必要的累赘情节不仅适用于讲故事，还适用于销售员与客户之间的交谈。一个话语啰唆的销售员往往是讲了半天话还在兜圈子，这时客户已经听烦了，销售员讲的话就很难达到预期效果。

刘星是一家家庭装饰公司的销售员。一次，他准备向一位客户推销一套家装产品。他与这位客户约定星期二早上九点在客户办公室见面。

那天，刘星按照地址很顺利地找到客户所在的办公大楼。他意外地发现，那位客户的秘书已经在迎接他。这让刘星感到受宠若惊，异常欢喜，他想这应该是位比较和善的客户。

果然，这位客户对刘星非常热情，并且主动和他聊天。刘星在与客户沟通的过程中，仔细观察他的言行举止，并作出判断：客户是一个不拘小节、性格外向的人，应该很容易交流。于是刘星也不再拘谨，而是顺着客户的话题侃侃而谈，并巧妙地把他引到家装产品的话题上。

中间，刘星还穿插了几个自己推销过程中比较有趣的故事，使客户把注意力完全转移到自己及自己的产品身上。并且，对于客户关于产品的一些提问，刘星总是很清晰、准确、简洁地给以答复，说话不拖泥带水，给客户留下了业务专业、行事干练、自信诚恳、精神饱满的好印象，因而更加拉近了彼此之间的距离。

当客户将自己对于家装的想法向刘星说明后，他很快就针对客户的想法提出了合理的方案，让客户很是满意。最后，客户很痛快地订购了家装产品，给刘星带来了不小的收获。

上述案例中的客户属于外向型客户，他们一般都很健谈，且谈的往往都是生意以外的事情。但是，他们不喜欢销售员一进门就滔滔不绝地介绍自己的产品如何优秀、如何畅销、如何适合自己，像念经一样说个没完（见图9-2）。这样很容易引起他们的厌烦，因为啰唆与没完没了不符合他们爽快开朗的性格。虽然外向型客户容易对外界事物产生兴趣，但他们也容易对同一个话题感到厌倦。如果销售员抱住一个话题就啰啰唆唆地说个没完，他们往往难以忍受。

图 9-2　销售不是滔滔不绝

因此，销售员应该摸清客户的兴趣和意愿，顺着他们感兴趣的话题说，并且要注意创造新鲜感，想办法巧妙地把自己的产品引到谈话当中，让客户在不知不觉之中被吸引，进而果断地进行购买。

修饰：加入细微描写，引起客户的情绪反应

研究发现，细微描写更容易引起客户的情绪反应，或者是不知不觉中会影响客户的思维方向。有时候，加入细微描写比填充更丰满的故事情节所起到的效果还要好。为什么细微描写这么重要？心理学中，有一个"鲜活性效

应"，指的是人更容易受到事件的鲜活性影响，而不是这件事情本身是否具有意义。而细微描写往往能够增强听众的视觉感以及事件的鲜活性。

在一场战争里，即便战地记者不停地报道有多少士兵死于战场，依然很难让民众动容。但是，一旦报道有某个家庭因为失去丈夫或儿子，而承受了多大的痛苦，很快就会激起民众的反战情绪。并不是因为这个家庭的人员生命比成千上万个士兵更宝贵，而是因为这样的故事更加鲜活，大家的视觉感更强。

由于故事创造视觉感的需要，所以需要加入细微描写，这样才能引起客户的情绪反应。用细微描写创造出一种视觉感，是每个销售员都必须掌握的能力。比如，你要描述"酸酸的"，当你说白醋、杨梅、柠檬、橘子和几天没洗澡的人等关键词时，酸酸的画面感就活灵活现了（图9-3）。

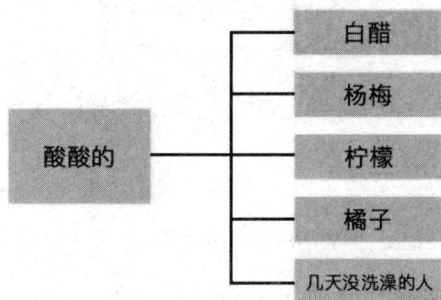

图 9-3　描述"酸酸的"可以使用的关键词

说"夜拍能力超强的手机"不如说"有着大光圈、优质感光元件，保证暗光拍摄效果的手机"；说"能够拍星星的手机"不如说"极致夜拍，借助独特设计的大光圈和感光元件，第一次，你可以用手机拍摄璀璨的星空"；说"我们追求卓越，创造精品，帮你与时俱进，共创未来！"不如说"我们提供最新的知识，帮助你应对变化的世界"；说"纤细灵动，有容乃大"不如说"把 1 000 首歌装到口袋里"。

如果想要凸显主角有责任感、使命感，做事一丝不苟，能够吃苦耐劳，你可以这样说："他可以为了 1% 的细节通宵达旦，在满意之前决不放弃最后一点改进。"

求婚的时候，细微描写也是非常有效的。当大部分人都说"我们一定会幸福生活，白头到老！"你可以描绘一个具体场景："我想在我们老的时候，仍然能牵手在夕阳的余晖下漫步海滩。"这样的说法不是更能让对方动容吗？

运用细微描写塑造一种视觉感，不仅更能激起听众的想象力，也会让听众产生熟悉感和亲切感。尤其是对于陌生的情节、陌生的视觉形象，细微描写更容易被听众接受。

情景测试：与客户讲一个成交过程的故事

下面以山东莱州云峰丽景小区的房产经纪人薛凯为例，看薛凯如何与想要买房的客户讲成交过程的故事，如图 9-4 所示。

针对经济实力强、生活品位高的客户

针对那些经济实力有限、贪便宜的客户

针对嫌房价高、犹豫不决的客户

针对重视教育问题的客户

图 9-4 四种客户类型

一、针对经济实力强、生活品位高的客户

针对经济实力强、生活品位高的客户，关键在于告诉他居住在咱们小区不仅生活方便，而且还能在无形中提升身份地位。

薛凯："王先生，您看您做生意这么厉害，肯定也不缺房子住，是吧？您想要的一定是一套适合生活、适合居住的好房子了。拿我以前那个客户来说吧，他跟您差不多也是做生意的，单是在莱州就有不下三套房子，根本不缺房子住。但是那客户跟我说，'我是不缺房子，现在有的是房子，但我就想买一套适合生活的房子，而不是孤零零的两道墙。我之所以在你们这儿买房子，就是看上你们的社区环境、绿化，还有你们的音乐广场。'

所以说啊，王先生，如果您想要一套适合居住、适合生活的好房子，咱们小区是再合适不过了。您想想，每天回到家和家人一起在小区里散散步，看看咱们的音乐喷泉，还可以随处听到效果极佳的音乐，小区里的坡地景观更像是专门为您打造。这样的生活多么惬意啊！所以说啊，我相信您今天听了我的话把房子定下来，以后一定会感谢我的！"

二、针对那些经济实力有限、贪便宜的客户

针对那些经济实力有限、贪便宜的客户，关键在于告诉他们看房子不能只看价格，还要看小区配套设施等。

薛凯："杨太太，我知道咱们这房子确实不便宜。但是，也不能只看价格就给咱们房子定位，您说是不是？您得看看咱们的房子值不值这么多钱啊。就像我之前的客户，就是觉着咱们这价格高，他说他辛辛苦苦一辈子不够买房子的。当初我也给他说了咱们这配套什么都比别的社区齐全，以后住着也方便、舒服。但是他就是不听。结果过了一个月，他又来了，跟我说，'小薛啊，我看了莱州所有的楼盘，才知道你们这里最好、最实惠。我今天带着钱来的，咱们快把合同给签了吧。'

"所以说啊，杨太太，您今天要相信我是个实在人就定下来，免得您还得再天天跑。再说，万一到时候房子没了，您不更伤心吗！"

三、针对嫌房价高，犹豫不决的客户

针对房价高，犹豫不决的客户，关键在于告诉他们房价会越涨越高，不买后悔莫及。

薛凯："刘哥，别犹豫了。我之前一个客户，就看好我们这儿的房子了。楼层价格啥的都跟他说了，让他定就是不定，总是不敢出手，害怕买贵了。隔三岔五就过来看看他看好那房子，非得等我们这里降价。刘哥，您说，这房子可能降价吗？

"结果有一天，我休息了，下午那房子就让我同事卖给别人了。那位客户得知消息后气冲冲地赶过来质问我，怪罪我不给他留房子。您说我冤不冤啊？不交钱我怎么给留房子呀，这里又不是只有我一个房产经纪人，您说是吧？最后，他老婆孩子都怪他，没办法，只好定了套别的。要我说啊，刘哥您看好房子就千万不要犹豫，该出手时就出手。否则啊，等着房子没了，您该跟我那位客户一样后悔了！"

四、针对重视教育问题的客户

针对重视教育问题的客户，关键在于告诉他们孩子的教育不仅仅在校园里，成长环境也很重要，而咱们小区里聚集了大量高素质人群。

薛凯："李太太，一看您也是个重视孩子教育的。我们项目对面就规

第九章 与其骨感，不如讲一个丰满的故事

划有学校，而且孩子的教育不单单是在校园里，他的成长环境尤为重要。我有一个客户是退休老教师，专门冲着我们的人文社区来的。因为在其他楼盘看到的基本上都是回迁房，住的基本上都是些村里的回迁居民，而我们这一期开发的土地，住的大多数都是些私营企业领导和政府高干。您想呀，如果您的孩子住在咱们小区里，接触的都是高素质人群，孩子的成长也会受到熏陶。您得为孩子着想吧。"

销售员推销的最高境界就是通过讲一个故事说服客户。把故事讲好了、讲对了，客户产生共鸣了，就会胃口大开。只有客户认定了你，成交才会易如反掌。

第十章
用肢体语言辅助你的故事

在与客户交谈过程中，有些销售员不知道自己的手或脚该怎么放。他们的肢体动作很僵硬，不知道如何用肢体语言来表达自己的内心，从而导致推销失败。下面一起看看如何利用肢体语言向客户成功卖出产品。

好动作比语言更生动

在销售过程中，与客户有效交谈是一项重要技能。要掌握一定的沟通技巧，才能在销售过程中占据主动地位，有效说服客户购买。

著名人类学家雷·伯德威斯特尔指出，在典型的两个人沟通过程中，口头语言传递出来的信息实际上还不到全部表达意思的 35%，而其余 65% 的信息都是通过非语言信号来传递。而非语言又常常被人们称为"肢体语言""身体语言"等。肢体语言是口头交流之外的一种沟通方式，需要借助表情、动作或体态等来进行，比如眼神交流、身体动作等。

口头语言与肢体语言的配合使得整个沟通过程变得充实和活跃。试想一下，当销售员与客户干瞪着眼、没有任何动作地坐在那里说话时，那种情景是多么的呆板和无聊。在口头语言交流之外，肢体语言交流可以互相传递很多信息。比如，当一个人身体前倾、连连点头时，说明这个人对当前接受的信息很感兴趣。具体地说，按照不同的身体部位划分，肢体语言可以分为三种。

第一种是表情语。人们常常通过面部表情互相传递信息，开心、愤怒、悲伤等情绪都可以通过眼神动作和变化反映出来。销售员应当学会通过眼神交流向客户传递自己的情绪，包括对客户的关心、疑问等。

第二种是手势语。手势语指的是人利用手指、手掌、手臂及双手发出的各种动作传递信息。手势动作也可以向对方表达特定的意义，比如把手轻轻地搭在对方肩上或胳膊上表示亲密，伸开双臂拥抱表示喜欢或安慰对方等。手势语在对方看来是非常明显的，销售员需要注意不要因为一个不经意的手部动作而引起客户不满。

第三种是肢体动作语。人在行走、站立和坐卧过程中的所有动作姿态都属于肢体动作语，包括行走快慢、站立时双臂交叉于胸前或放在背后等。即使在相同情况下，不同的人发出的肢体动作也有可能是不同的，但通过认真观察和分析也能发现一些规律。比如，介绍产品的时候，客户双手紧紧抱在胸前，这说明客户此刻的防范心理很强。了解肢体动作语的规律，有利于销售员有意识地利用肢体语言引起客户注意，也有助于更准确地把握客户心理。

通常情况下，销售员可以从以下三个方面做起，使用各种身体语言，内容如图 10-1 所示。

一	用热情的眼神感染客户
二	用真诚的微笑打动客户
三	用得体的动作增加客户好感

图 10-1　销售员使用各种身体语言的三个方面

第一，用热情的眼神感染客户。向客户介绍产品时，如果销售员的眼睛炯炯有神，眼神透露着自信、热情、坦诚，这往往比滔滔不绝的口头说明更有用。与客户进行眼神交流时，销售员要使自己的目光表现得尽可能真诚、热情一些，这要求销售员做到以下几点：

1. 勇敢迎接客户的目光，不管客户目光传递的信息是肯定、赞许，还是疑惑。通常认为，销售员停留视线的最佳位置是客户双眼与嘴部之间的三角部位，这样可以向客户传递礼貌、友好的信息。

2. 与客户对视的时间要保持一定的度。如果时间太短，客户会感觉销售员不够自信或者对谈话的兴趣不大；如果时间太长，客户会感觉不舒服。需要注意的是，与客户对视时要避免两眼空洞无神。如果销售员两眼空洞无神，那么客户就会感觉你心不在焉，认为你不值得信赖。

3. 保持目光集中，避免游移不定。不仅是在销售过程中，任何时候，一个人目光游移不定的表现都会被认为是轻浮或不诚实。对于目标游移不定的销售员，客户会尤其警惕和防范。这样一来，双方的心理距离被拉大，对销售员来说是难以跨越的障碍。

第二，用真诚的微笑打动客户。微笑是销售员与客户沟通中的必需工具。众所周知，微笑是世界上的通用语言，可以跨越种族和民族。微笑也是有讲究的，不是所有人的微笑都能打动客户。

首先，微笑体现了整个人的精神面貌，不是一个简单的脸部表情。所以，销售员微笑时必须发自内心，不能仅仅在脸上永远挂着一副"职业性微笑"的表情，这种"职业性微笑"是难以打动客户的。其次，在微笑时尽量不要发出太大的声音，也不要表现得过于夸张，否则会让客户感觉特别尴尬。

第三，用得体的动作增加客户好感。热情的握手、轻轻的点头、稳健的步伐等，都具有增进客户友谊的目的。反之，如果销售员的动作不得体，会让客户反感。所以，销售员与客户在一起的时候，应当注意自己的一言一行。比如，销售家用电器或者汽车等产品时，销售员可以用手指轻轻触摸，向客户传递出质感好、价值高的信息。

为了避免做出让客户感到不舒服的动作，销售员应当在平时养成"站有站相，坐有坐相"的良好习惯。比如，无论是坐是立、是行是走，都要端正姿势，身体各个部位的动作幅度不能过于夸张等。

通过手势洞察客户心理

都说"手是人的第二张脸",除了表情,手是最能体现人内心想法的身体部位了。有时,客户想表达一个意思或者掩饰内心真实想法的时候,手会不自觉做出某种姿势。例如,销售员给客户讲述产品故事,客户听到非常兴奋的时候,可能会鼓起掌来;当客户表示对现状非常不满的时候,可能会时不时地搓手,表明他的焦虑;当客户说自己预算不够无法购买你的产品时,也许会用摊手表示无奈。对销售员来说,手势有意或无意地透露了客户的某种思想、情感或情绪。

某公司研制了一种硬度十分大的玻璃产品,可即便在市场营销方面投入了大量的人力物力,仍收效甚微,销售员宁远也因此忧心忡忡。然而,一次偶然的机会使他摆脱了这种局面。

有一次,销售员宁远拜访经销商杨迪。恰巧杨迪正在忙着接待一个供应商,根本不理他。谁知,两名员工抬着一块玻璃进来时,一不小心撞到了宁远,玻璃摔得粉碎,杨迪也看到了这一幕。

销售员宁远:"真是对不起,这些损失由我来赔偿。"

杨迪很生气:"不用了,我现在比较忙,您请回吧。"

这时,杨迪两臂抱在胸前。发现客户态度强硬,宁远就不再争辩,而是回去想对策。

两天后,宁远又去拜访,杨迪见他仍是两臂抱在胸前,说他勇气可嘉。

销售员宁远："上次玻璃的事情我真的很不好意思。不过这也证明了一点，那玻璃实在不结实。我们公司的产品您也有一定了解了，那我现在展示一下。"

说完，宁远就用锤子用力地砸自己公司的玻璃。杨迪看到玻璃丝毫无损，竟松开双臂，走上前来。宁远见此，知道事情已经成了一大半。

最终，宁远顺利地拿下了这份订单。

与客户交谈的时候，如果客户摆出了双臂交叉的姿势，你就应该立刻反省："是不是我说了一些与对方观点不同的话？"或者"我说的话是否有让对方误会或怀疑的地方？"因为对方已经用身体语言很诚实地表达了不赞成。如果客户在双臂交叉抱于胸前的同时，两只手也紧紧地攥成拳头，夹于腋下，那表示他有强烈的敌意。此时，你应当采取比较缓和的方式阻止事态的进一步恶化，否则会引来口舌之争。

如果客户将双臂交叉抱于胸前，而大拇指则保持向上竖起，同时还伴有一些表示肯定意义的动作和表情。那么，这表示客户有购买意向，你可以放心地向他提出下单的要求。

在销售过程中，要想知道客户心里在想什么，不妨观察客户的手部动作，从中找出暗示。人们经常用手表达态度的方式有如下几种：

第一，手捂嘴巴。遇到这种情况，我们应该停止交谈并且询问客户："您有什么问题吗？"或者"我发现您不太赞同我的观点，让我们一起探讨一下吧。"这样就可以让客户提出自己的异议，销售员也有机会来解释自己的立场并且回答客户的问题。

第二，手摸鼻子。美国芝加哥嗅觉与味觉治疗与研究基金会的科学家们发现，当人们撒谎的时候，一种名为儿茶酚胺的化学物质就会被释放出来，从而引起鼻腔内部的细胞肿胀。科学家们还通过可以显示身体内部血液流动的特殊成像仪器，揭示出血压也会因为撒谎而升高。这项技术显示人们的鼻子在撒谎过程中会因为血液流量上升而增大，科学家们将这种现象命名为皮诺基奥效应。交流的时候，如果发现客户手摸鼻子，那很有可能客户在撒谎。

第三，手揉眼睛。实验表明，大脑通过揉眼睛的手势企图阻止眼睛目睹欺骗、怀疑和令人不愉快的事情，或者是避免面对那个正在欺骗自己的人。如果客户表面上看起来对你的话很感兴趣，但是他却时不时地用手揉自己的眼睛，那么说明他对你的话不感兴趣或者很是怀疑。

第四，手抓耳朵。当你和客户谈妥之后，拿出订单，告诉客户在上面签字，但是客户却用手抓了抓自己的耳朵。这一手势说明客户心里对你的产品并不是很感兴趣，即便他嘴上说你的产品如何好。

第五，手抓挠脖子。与客户沟通过程中，如果客户时不时地用手抓挠脖子，那是客户疑惑不确定的表现，等同于客户在说"我不知道你说的对不对"。当口头语言和这个手势明显不一致时，矛盾会格外突出。比如，客户说"我非常喜欢贵公司的产品"，但同时他却在抓挠脖子，那么我们可以断定，实际上他并不喜欢。

第六，手拽衣领。英国动物学家德斯蒙德·莫里斯发现，撒谎会使面部与颈部神经组织产生痒的感觉，于是人们不得不通过抓挠的动作消除这种不适。这种现象解释了为什么人们在困惑的时候会抓挠脖子，也解释了人们在担心谎言被识破时手拽衣领的原因。

第七，把手指放在嘴唇之间。将手指放在嘴唇之间的手势是内心缺乏安全感的一种外在表现。遇到这种情况，你不妨给客户承诺和保证，这是比较积极的回应。

综上所述，手势动作所表达的意思，很多时候是丰富而又复杂的。销售员给客户讲故事时唯有细心观察，通过手势洞察客户的心理秘密后才能抢占销售先机，取得更好的业绩。

客户抖动双脚时，故事该迅速收尾了

客户的脚部动作一般是不怎么起眼的，但也暗藏玄机。如果销售员细心观察，常常会有一些收获。下面是出现在客户身上比较典型的四种脚部动作以及含义。

（1）客户脚部转动的方向指向门表明他想要离开。若是正在与你交谈的客户，他的脚尖已经不在对着你，而是指向门的方向，那就意味着他有急事要马上离开。此时，你应该知情识趣地告辞，约定下一次见面的时间。

（2）客户频繁地踢脚尖意味着他已经开始心不在焉了。美国心理学家罗伯特·索马发现，当一个人被过多地侵入内心世界时，最初的拒绝方式是频繁地踢脚尖。此时，你要做的是转移话题，引起客户的兴趣，让对方多说。

（3）客户用脚尖点地板是在警告对方不要再继续侵犯他的"领地"。此时，你最好保持这个距离不动。如果客户在拒绝你的时候，双脚完全静止，安分得有点过分，那表示他正在说谎。

（4）客户一只脚的脚踝搭在另一条腿的膝盖上，表明此时客户的心态是不服输或者争胜的。这说明你的介绍和解说没有打动客户的心，需要换一种方式去让客户明白产品的优点。

如果把脚与腿的动作一起分析，销售员能够在客户身上发现更多信息。其中，抖腿这一动作是最能表示出客户心理状态的代表性动作。当客户心理紧张、焦虑时，就会频繁抖腿。反过来说，如果客户频繁抖腿，就说明他精神紧张或焦躁不安，销售员应该根据这一情况作出适合的判断或应对。

销售人员程昱按照约定时间去拜访公司的老客户付经理，并准备拿一些新的样品给对方看。就在程昱进门前 10 分钟，付经理接到亲友通知，父母从云南过来北京看他，他必须到机场接机。付经理想和程昱也不会聊太久，所以就没有打电话改时间，而是收拾了东西，接见完程昱就去机场。

两人见面后，付经理发现了一些新的设计，这些新设计不是一时半会儿就能解释清楚的。他一着急，不自觉地抖起了腿。程昱从办公桌的侧面看到了付经理的腿部动作，明白了付经理现在一定有什么事情需要处理。后来，他又看了放在办公桌上小皮包，确信了自己的猜测。

于是，程昱就放下手里的资料，说："付经理，您是不是有急事要办啊？我是不是耽误您时间了？我们的事情改天谈也可以，您先忙您的。"付经理一听，就如实说了自己的事情。程昱赶忙道歉，付经理也饱含歉意地说："那我们就改天约个时间再谈。今天让你白跑一趟了。"

脚部和腿部的动作除了能够反映一个人的情绪外，还能够表现出一个人的性格品质。比如说，走路健步如飞的客户大度热情、活力充沛，但也有些性急；走路时步伐沉稳的人成熟老练，能够像牛一样忍辱负重，吃苦耐劳，需要妥善应对；走路小心翼翼的人心细精明；如果客户走路时身体挺直平稳，步履轻松，抬头平视，那么这是一个心胸坦荡、正直、充满自信、做事专心致志的人，可以与之多多交往。此外，若客户上楼梯时喜欢一次跨过多个台阶，那他应当是个比较浮躁、做事缺乏耐心的人。

在观察客户的腿部动作时，还要根据文化的不同，具体问题具体分析。例如，在美国，人们为了舒服，可能会把脚跷起来。但是在泰国、中东等一些国家，这个动作被看作是对对方的蔑视。

有许多经验丰富、城府很深的客户擅长隐藏自己的情感，如果依然按正常的思维去解读对方的肢体语言，便可能得出截然相反的结论。此时，销售员一定要注意识破对方的伪装，从对方的信息中辨别出真伪。

坐姿可以告诉你客户怎么想

坐姿不仅可以反映一个人惯常的性格特征，也能反映他此次怎么想。因此，在销售过程中，销售员要善于从客户的坐姿中发现客户的心理轨迹，从而了解到客户的意愿，做出积极的响应或者调整，使彼此达成共识。

张珂是天津一家著名锅炉厂的销售员，平时的工作非常认真，因此业绩一直很不错。这天厂里的领导把他叫到办公室，对张珂说："张珂，我这边有一个很纠缠的客户，我派了好几个销售员去谈，都拿不下来，我想让你去试试，你有没有这个信心啊？"张珂说："行，把这个客户的基本信息给我吧，我一定拿得下来。"经理一边把客户的资料给张珂，一遍笑着说："我就知道没有什么客户是你拿不下来的，祝你马到成功。"

张珂花了三天的时间，将这个客户的资料收集得更加完善，同时向其他几位销售员请教，从他们那里得到了更多的信息。从他们口中得知，该客户见销售员的时候总是躺在老板椅上，双手交叉撑在脑后，一副高高在上的样子。这个坐姿引起了张珂的关注，他通过各种途径了解客户为什么会这样做，并且制定了相应的措施。等张珂见到客户的时候，很顺利地将这个单子签了。

从案例中我们可以了解到，客户的坐姿反映了客户的某种心理。像故事中的这位客户一样，躺在老板椅上，双手交叉撑在脑后，他这样的坐姿会让前来商谈的销售员觉得地位上的不平等，从而感觉到压力倍增。在这种情境下，销售员可以帮助他改变坐姿，从而改变他的心理定向。比如，找远一些的椅子坐下，与此同时还不断拿出东西给他看，客户便不得不挪动位子，甚至改变之前的态度。所以，从坐姿上了解客户，对于销售员来讲非常的重要。

一个人的坐姿是平时养成的一种习惯，能够反映一个人的性格，甚至能够展现一个人在人际交往中的心态和接待人物的方式，进而能够反映一个人的心理状态。平时人的坐姿有很多，有弹簧式的坐姿，有跷着二郎腿的，有把脚放在座椅上的，那么这些坐姿表达了什么含蓄的心理呢？

有的客户与销售员交谈时表现得随意和懒散，坐姿半躺半卧。这样的客户性格比较随和，与他们相处是比较愉快的。他们往往出手大方，只要自己喜欢就会购买，但是对商品品质的要求会比较高。

有的客户与销售员交谈时，总是正襟危坐，双腿并拢，双手夹在两腿中间。这样的客户比较内向、害羞，应变能力不是很强，但是性格很随和，比较重感情。在谈论产品时，客户虽然嘴上不说，自己心里却是明明白白的。面对这样的客户，销售员需要有真诚的态度，用形象的语言瓦解他们的心理防线，最终取得客户信任。

有的客户坐姿很僵硬，双腿和双脚都并拢，两只手交叉放在腿上。这样的客户是比较固执的，不愿意听取别人的意见，很容易被激怒。他们对销售员心存芥蒂，不会轻易接受销售员的推销。在这样的客户面前，销售员说话要简单明了，给客户展现出真正的实惠，用优质的品质和低廉的价格打动他们。

还有的客户在与销售员交谈时会把左腿叠加在右腿上，双手交叉放在腿跟两侧，身子向后倾，靠在沙发或者椅子的靠背上。这样的坐姿是一种自信的表现，一般都是有成就、能力突出、相信自己的判断和观点的人。面对这样的客户，销售员要表现出顺从客户的意思，并对客户加以赞赏，让客户满足表现自我的心理需求，这样才会愉快地接受谈判条件。

由此可见，各种各样的坐姿代表了客户不同的个性、态度和心理。然而，一个客户不会自始至终只保持一种坐姿，客户会随着交流的进展、心情的变化等变换自己的坐姿。这样一来，我们就需要具体情况具体分析。

比如，与客户交谈过程中，客户最初还正襟危坐，认真听你讲话，并有所附和。但是过了没多久就双手交叉，向后斜靠在椅子或者沙发上，不再发表意见。这说明客户已经对你的话题失去兴趣，或者对你的描述产生怀疑。在这种情境下，销售员要及时调整策略，改变方式，想办法引起客户的注意，或者对自己说的话做出证明。否则，客户就会不耐烦，交流也无法进行下去。

如果客户本来向后靠在椅子上倾听销售员陈述，但是渐渐地身子前倾，脚向后垂，这说明客户对你的话题很感兴趣。在这种情境下，销售员要及时提出成交要求，使客户尽快做出购买决定。

随着交谈的深入，如果客户开始把身子转向了一边，脚开始乱动，手也在玩弄别的东西，这说明客户对你的谈话不感兴趣，已经不愿意再理你，开始以冷漠相待。在这种情况下，销售员需要找另外一些客户感兴趣的话题，引起客户注意。

情景测试：什么肢体语言才能让客户主动加价

有时候，销售员明明知道客户给出的价格可以成交，但就是不同意，还要求客户加价。这是因为大部分销售员都知道，一旦轻易同意了客户的报价，客户就会后悔给出的报价不够低，觉得自己吃亏上当了，进而要求销售员送赠品给他。

为了让客户相信给出的报价已经是底价，销售员应当在客户报价的基础上回收一点。否则，销售员很容易损失更高价格成交的机会。下面通过一个具体的情景看销售员是如何通过肢体语言让客户主动加价的。

客户刘先生拿着一张报价单来到了一家汽车销售服务 4S 店，店里的销售员孟小雨接待他坐下。孟小雨接过他的报价单，扫了一眼，立马睁大双眼，装作很惊讶的样子，说："哇！大哥，您太厉害了！您是我见过的最会砍价的人了。这个价格已经很低了，您怎么没有买下来呢？"

刘先生回答："我觉得还可以再便宜一点，货比三家总是没有错的。"

孟小雨接着说："当然，这是必需的。不过说实话，您这个价格已经算是非常低了，而且我可以告诉您的是，我做这个品牌已经三年了，对这款车的全国价位都非常清楚。据我了解到的市场行情，您现在拿到的这个价格，已经跟我们互相调货的价格差不多了，您很厉害啊。"孟小雨这么说的目的是为了告诉客户，他这个价格已经很低了，几乎没有了再往下砍价的空间。

刘先生听孟小雨这么一说，有些将信将疑的样子。孟小雨顺势从工具夹里拿出一本车型报价单，里面有 3 个月来各个车型的价格变化情况表，这其实是她们公司专门制作的销售道具，里面的价格都是自己拟定的。刘先生看了这个文件之后，发现里面的价格确实已经很接近他现在的价格了，对价格的期望值也就稍微有所下降。

孟小雨看客户没有了太多疑问，就说："大哥，您到我们店也不是第一次看车了，之前去了那么多 4S 店看过车，应该对行情很了解的。既然您能再过来到我们店，说明您还是信得过我们的吧。不知道您对我们公司的印象怎么样呢？"

刘先生知道这是孟小雨在试探他，如果说她们公司的好话，那就中了她的圈套了。于是刘先生随便应了一句说："还可以吧。"

孟小雨接着再询问刘先生："您住在我们店附近吗？"

刘先生回答说："是的，就在附近的花莲小区。"

孟小雨再接着问："在价格都一样的情况下，您是在我们这里买，还是会到别的地方去买呢？"

刘先生回答说："离你们店近一点，当然会选择你们，但是也要看看你能给个什么价格。"

孟小雨知道，客户拿过来的价格已经是最低的价格，也就是说其他店里的价格都比这个高，如果还有比这个价格更低的话，客户早买车了，也不会再到她们店来了。

孟小雨对刘先生说："大哥，您这个价格已经非常低了，如果按照您报的这个价格把车卖给您，我这台车子就白卖了，一分钱的提成都拿不到，也就完成个任务量而已。"

刘先生面露喜色，问道："你的意思是这个价格可以做下来？"

听客户这样说，孟小雨心中暗喜，果然没猜错，这就是客户的心理价位了。但这时，孟小雨知道还不能高兴得太早，一旦她同意了，客户会得寸进尺，向她索要赠品。

孟小雨没有表露出任何喜悦，而是眉头一皱说："大哥，我还不敢确定能不能按照这个价格卖给您，这样吧，看在您那么信得过我的份上，我先以个人名义同意按这个价格卖给您。您再等等，我去找我们店长申请一下，过一会再回来，您先喝杯水，休息一下。"

孟小雨进了店长办公室，过了5分钟后出来。孟小雨愁眉苦脸地对刘先生说："大哥，真不好意思，我刚才看错了，112000元的车型不是这个配置的，而是另外那台，这个配置的车型最低要卖115000元的。"她一边说，一边指着摆放在展厅的另一款车型。

孟小雨这样说是为了让客户把价格锁定在112000元这个价格上，让他不要再往下杀价了。而实际上，112000元是可以卖给客户的，但是不能同意，否则客户会认为自己给的价格太高了，再索要赠品。只要让客户不再继续杀价，孟小雨就有机会再把价格往上提。

孟小雨这样一说，刘先生真的就着急了，说："你刚才不是答应过，这个价格可以做的吗？亏我还这么相信你，不行，我就要这台，你说话必须算数。"

孟小雨又一次跑进店长办公室，过了两分钟后，又出来了。孟小雨做出很难过的样子，说："大哥，您看中的这款刚好是卖得最畅销的车型，您这个价格做不下来呀，您再加点钱吧，只要加一点就行。"说完这句话后，孟小雨看着客户，一言不发。

孟小雨知道，这是最关键的时候，一定不能说话，谁先说话，谁就输了。而只要客户愿意加价，哪怕是加200块钱，他就输了，他心里的价格防线就彻底崩溃了。刘先生也不说话，咬着嘴唇。但孟小雨知道，客户心里正在作思想斗争。在谈判僵持阶段，谁先说话谁就输，但如果双方都绷着不说话僵局就会走向破裂。

为了打破僵局，孟小雨选择用肢体语言示意客户主动加价：她伸出手，手掌心向上抬了抬，眼睛看着客户，示意他再加一点。

刘先生再咬了咬嘴唇，然后深呼吸了一下，嘴角和肩膀也跟着放松了下来，说："好吧，那要加多少？"孟小雨终于等到这句话，她知道客户已经输了。

孟小雨接过刘先生的话说："加一点就行。"她不能说出具体的数字，因为不管她说的数字是多少，客户都会反问她凭什么是这些钱。所以，孟小雨她没有提出具体的金额，而是让刘先生自己加，也是试探他加价的意愿程度，只要他真的加了就行。

刘先生又咬了咬嘴唇说："那就加200元吧，行不行？"

孟小雨摇了摇头说："200元太少了，肯定不行，再加一点。"

"那就300元吧。"从刘先生的口气就知道，他自己也觉得200元太少了。

"大哥，300元还不够到对面的海底捞吃一顿饭呢。"孟小雨非常聪明，如果客户愿意加价，坚决不能在第一次加价的时候就同意，至少要让客户加到坚决不加的时候。即使能同意的时候也不能马上说同意，而是要跑一趋店长办公室之后，回来才能同意。

刘先生有点生气地说："最多加到 400 元，行就行，不行我就走了。反正这里也不是只有你们一家 4S 店卖这个车。"说着，刘先生做出要起身离去的样子。

孟小雨立马伸手拉住刘先生的衣服，说："大哥，别着急，先坐下，坐下。"

刘先生坐了下来，孟小雨皱着眉头说："您确定，这个价格能定下来吗？"

刘先生应道："就这个价，我就定了，再多一分钱我都不要了。"

在销售过程中，无论你卖的产品是什么，都不要认为让价越多客户就会购买。客户要的不一定是最低的价格，而是一个让他觉得已经很低的价格。而想办法让客户往回加价，就可以让客户觉得价格已经到了底线。这时，用肢体语言示意客户主动加价，很容易击破客户的心理防线。

第十一章
换种传播方式，就能影响更多客户

在销售过程中，销售员向客户讲故事是一种一对一的传播行为。如果故事打动了客户，就会选择从你这里成交甚至以后都从你这里成交。依然是讲故事，如果换一种传播方式，可能获得更加广泛的影响力，让更多客户考虑从你这里成交。其他传播方式包括开直播、写软文、进行新闻报道、线下沙龙分享等。

远离硬性广告，好故事才能有成交

这个时代广告无处不在，消费者已经避之不及，广告人还死缠烂打。在这种情况下，企业如果能够另辟蹊径，通过一个好故事说明自己的产品，消费者会更乐于成交。

下面以故宫淘宝为例，看如何通过好故事讲产品，既不会引起客户的反感，又可以增强客户黏性。故宫淘宝是指北京故宫博物院为了销售周边产品而上线的淘宝店。在微信里，故宫淘宝公众号以"软萌贱"的形象刷爆了朋友圈。特色、口碑、经济利益、品牌形象等，各个方面都使故宫淘宝成了最大的赢家。

据统计，故宫淘宝 2016 年全年里创下超过 10 亿元销售额。截至 2017 年初，故宫淘宝推出的文创产品超过 8 700 件，包括"十二美人图"挂历、迷你宫廷娃娃等产品。

如图 11-1 所示，故宫淘宝为某产品写的软文点击率超过了 10 万，点赞数在 2 000 左右，其根本原因在于创作了一个吸引人的好故事。我们可以从故宫淘宝身上学到以下三点：

首先，好故事应当通过制造悬念引发读者继续阅读的欲望。虎嗅网年度作者阑夕曾经说过，大家乐于分享传播的文章有三种：一是说出了读者的心里话；二是说出了读者不知道的事儿；三是其高端品位可以满足读者虚荣心。故宫淘宝推送的文章很好地契合了第二点——说出了读者不知道的事儿，满足了大家的好奇心，为大家提供了茶余饭后的谈资。

图 11-1　故宫淘宝的公众号文章

以其 2015 年 6 月 18 日推送的文章"朕生平不负人"为例，雍正帝手拿一朵红色鲜花，嘴角轻挑，导语为"雍正帝与年羹尧【相爱相杀】的郎舅故事"，让人不免联想到其中存在的"基情"，于是抱着好奇心阅读原文。当你点进去之后，它告诉你"这是一个关于雍正帝如何疼爱年羹尧的绝对不能想歪的历史故事"。然而，你肯定已经想歪了。他俩到底做了什么见不得人的私密之事？你肯定会产生强烈的好奇心。

其次，好故事的内容情节层层递进，让读者欲罢不能。一个好故事引人入胜的秘诀就在于不断制造悬念，让读者一直读下去。而从这一点看，故宫淘宝堪称讲故事的高手："故事要从很久以前说起……那一年，杏花微雨，年羹尧正值青春年少，和现在很多贪玩的男孩一样，并不安分踏实读书。据说，年羹尧长得伟岸异常，臂力惊人，且好勇斗狠。他父亲给他聘了三位老师，但是都被他打跑了，是的，打跑了！打跑了！打跑了！"

介绍年羹尧，没有提到他的生成八字、官居何职，先介绍他小时候的调皮，把三位老师都打跑了。这种讲法虽然非常八卦，但是正好迎合了大家的八卦心理。

"这位不羁的年轻人可谓仕途坦顺，重权在握。在康熙帝第二次废皇太子后，他便与雍亲王胤禛结为一体，相互依托，并助胤禛登上龙椅一臂之力。什么？你居然问年羹尧为什么要助胤禛登上皇位一臂之力？"此后，它开始自问自答。包括年羹尧为什么帮胤禛争夺皇位，雍正皇帝为什么假装宠爱年羹尧、暗藏什么祸心，怎样一步步把年羹尧推到悬崖边的，层层递进的情节堪比宫斗戏直播。

很多从来不看《甄嬛传》《宫》系列等宫斗剧的用户都被其吸引得多看了几眼。而且，故宫淘宝还经常使用诙谐、幽默、搞笑的图片。虽说这些图片不够高端大气上档次，但是具有很强的趣味性，文章里隔三岔五加几个，就可以营造诙谐幽默的气氛。

第三，好故事将产品设置成情节发展必备要素，不会有违和感。将产品巧妙地放进内容里是很多企业都需要学会的本领之一。大家都反感广告，凭什么故宫淘宝做出来的广告就不招人烦呢？我们接着分析以下这篇文章，它的目的是卖扇子，而这扇子本身是雍正和年羹尧"相爱相杀"的一个鉴证。

"当青海平乱成功之后，雍正帝兴奋异常，在奏折中言道：'你此番小行，朕实不知如何疼你，方有颜对天地神明也……总之，你待朕之意，朕全晓得就是矣。'雍正对年羹尧的赏赐与关怀更是无微不至，连茶叶、荔枝等小食也要派人赏其食用，故而有了年羹尧恭谢天恩的奏折，雍正更是回复道：'尔之真情，朕实鉴之。朕亦甚想你，亦有些朝事和你商量者，大功告成，西边平静，君臣庆会，亦人间大乐事……'"

接下来，故宫淘宝开始说自己的产品："奏折原文与雍正御批真迹，以下折扇扇面均有展示。是的，这不是一把普通的折扇，连相关奏折原文史料我们都有精心翻阅考证。"试想一下，如果你拿这扇子送给心爱的姑娘，你就可以告诉她，"这个扇子有历史典故，当年雍正和年羹尧……而且，上面五个大字'朕亦甚想你'也代表了我的心意……"

除了这把扇子，下面几把扇子也有讲究。当故事情节发展到年羹尧功高盖主时，引出"朕心寒之极"的扇子；当年羹尧向雍正皇帝求饶时，雍正朱批"朕生平不负人"，又引出一把扇子。

总而言之，故宫淘宝销售的每一把扇子上都有雍正御批的字迹，都在情节发展中发挥着重要作用，还包含着一段曲折动人的故事。这样的故事型广告，很难让读者反感。除了将产品置于情节发展中，故宫淘宝还会设置情节反转，引出产品，比如下面这个卖针线盒的文章。

"《清史稿》中，关于乌喇那拉氏的这段人生遭遇，只有寥寥几句：'（乾隆）三十年，从上南巡，至杭州，忤上旨意，后剪发，上益不怿。令后先还京师。三十一年七月甲午，崩。上方幸木兰，命丧仪视皇贵妃。'"

乾隆的贵妃香消玉殒，本来是一件让人惋惜的事情，它说得也很唯美："灯笼易碎，恩宠难回。世上很多东西都是难以再回头的：好比，花谢了再开并不是那一朵；圆镜碎了难以再复原；衣服破了就不能再……衣服破了，是可以再缝补的啊！你只需要一个容嬷嬷针线盒罢了……故宫淘宝，五月力荐！嬷嬷针线盒，专业扎针五十年，用过都说好！"

最后的剧情反转真是让人啼笑皆非，给人留下了深刻印象。因此，要想让产品给读者留下深刻印象，就需要一个有套路的好故事。

口才好，可以开启直播模式

波罗蜜全球购是一个自营跨境电商，主打"只卖当地店头价"和"视频互动直播"。波罗蜜致力于通过在 APP 载入移动视频互动技术为消费者还原海外购物场景。波罗蜜是第一个吃螃蟹的人，开启了"直播＋销售"先河。此后，聚美优品和洋码头也纷纷试水直播销售业务，受到了消费者欢迎。2016 年 5 月，经过两个月的试运营之后，手机淘宝直播平台"淘宝直播"也正式上线。

2016 年 8 月 28 日，淘宝全球购联手淘宝直播举行了一场全球 24 小时直播活动，让消费者体验到了定制化全新海淘时代。24 小时内，来自全球各地的 500 多名买手上线，开展了超千场的直播活动。

在这次 24 小时直播过程中，消费者能够看到全球购的优秀买手们是如何逛街购物的，比如迪拜的土豪商场 Dubai mall、欧洲传统的骑士比武大会、悉尼岩石区周末市场、陶艺大师现场制作工艺等。众多消费者在这场直播盛宴中充分体会到了定制化海淘的乐趣。而且，在直播过程中，消费者可以与买手实时互动，如此接地气的方式让消费者大呼过瘾。"边看边买"的直播＋海淘模式在海淘行业刮起了一阵私人定制的时尚风，让中国消费者方便地购买外国的产品。

在各大直播平台中，主播基本上都是依靠粉丝送小礼物来获取收入的。另外还有一些主播自己经营淘宝店铺，他们在直播过程中往往会利用直播间流量变现的机会，这当中又以引入 QQ 群为基础方式。也就是说，主播们在直播过程中通过推广 QQ 群来实现引流目标，通过运作 QQ 群，让粉丝变为实际购买者。

林海是映客直播的一名网络主播，同时也是一个淘宝店主。林海虽然不是知名一线主播，但对引流有自己的一套方法。刚开始做网络主播时，林海只是为了宣传自己的淘宝店铺，希望更多的人能够去自己的店铺购买产品。然而，初期的引流效果并没有达到预期。

于是，林海开始把目光转向 QQ 群。因为在直播中直接宣传自己的淘宝店铺会给观众留下商业广告味浓厚的感觉，而且容易遭到平台封锁。而在 QQ 群中可以与粉丝们建立友好关系，在互动中增加信任感，然后再向着变现的路线发展。QQ 群可以形成稳定活跃的社群团体，培养忠诚粉丝。

林海将直播间的流量引入 QQ 群的办法非常简单，但需要长期坚持。每次直播时，林海都会植入 QQ 群号信息。比如，在直播界面，林海会根据直播内容和粉丝定位让观众添加某些 QQ 群号或者是扫描二维码。同时，这些群里也会活跃着某些群成员，负责管理和维护新加入的成员。因为加

第十一章 换种传播方式，就能影响更多客户

211

入 QQ 群的多半是对主播形成一定偏好和认可的粉丝，他们在加入 QQ 群以后又有专门的管理员负责维护，所以引流效果比较好。同时，林海的淘宝店铺的流量也有了明显增长。

观众除了在直播时和林海热情互动外，在直播过后，QQ 群的热度也会持续上升一段时间。因为如果观众认为直播非常好但结束了，这种热度就会马上转移到 QQ 群，大家继续在群里热议。

各种直播平台为电商达人提供了一个机会，只要不涉及"三俗"（庸俗、低俗、媚俗），怎么玩都行。从直播过程来看，单纯推荐自己的产品并没有什么效果，也很少有商家这样做。大部分主播都拿出了看家本领，直播地点可以是室内室外，也可以是发货仓库。专做海外母婴产品代购的"君妈粉团"甚至直播奶粉采购、入仓打包的一系列过程，让远在国内的消费者买得放心。

淘宝母婴相关负责人表示："单纯介绍产品已经过时，你要勾起消费者了解的欲望，讲他们关心的话题，为什么要买、怎么用，提供专业的知识。"对于电商销售主播来说，长得好不好看并不是首要的，重要的是凭借专业度取胜或者以有趣、好玩的故事吸引买家。

罗辑思维、凯叔讲故事等成功案例中有一些东西是电商销售主播可以借鉴的，比如讲产品背后的故事、自己的感受等，他们都不自觉地与观众建立起了情感连接。

直播经验的不足是很多商家共同的感受。母婴导购 APP "茉莉妈妈"也参与了淘宝直播，推荐一些高性价比的玩具等母婴产品。尽管有过视频制作经验，但依然感觉直播对人的要求其实挺高的。在直播前要做哪些准备，如何互动才能吸引消费者——这些问题都是需要去解决的。

淘宝母婴相关负责人表示："随着消费需求的升级及母婴消费人群逐渐转向"85/90后"，传统的货架式导购已经无法刺激用户的兴趣，挖掘产品背后的故事，建立除购买以外的行为关系，解决消费者真正的痛点成为平台的当务之急，亲宝贝这样的前台导购市场应运而生。"

经过大量的市场调查，淘宝母婴团队有一个重要发现：母婴用户的阶段性需求最是强烈，即在不同阶段希望获得相应的资讯、专业知识和相关产品。基于此，亲宝贝根据母婴人群的性别、年龄及阶段性特征，设定了不同母婴场景的相关产品、专业知识、资讯及视频或直播，实现了用户"互动→决策→购买→分享"的路径。

精细化、内容化是未来流量趋势，而直播是一个新的入口，也是当前的大风口。作为销售员，你是否能抓住，且如何抓住？

用你的好文笔，将故事写进软文里

软文是网络营销的重要组成部分。一篇好的软文可以提升品牌的知名度，然后转化为商业价值。在线下销售时，销售员只需要向客户讲故事。在线上销售时，一篇包含故事的软文就显得非常重要。

"饿了么"是中国最大的网上餐饮服务平台之一，2009年4月由上海交通大学硕士张旭豪创立。除了是外卖鼻祖，饿了么还一直牢牢占据行业领军者位置。饿了么之所以能成为外卖行业的领先者，软文推广功不可没。最早，饿了么网站利用多篇软文讲述创业者团队"极致、激情与创新"的创业故事。

当时，在上海交通大学机械与动力工程学院宿舍间，张旭豪和康嘉、汪渊、邓烨几个室友打电脑游戏，一直玩到凌晨，才感到肚子饿了。几个人本想打电话叫外卖送份夜宵，谁知电话要么打不通，要么没人接。大家又抱怨又无奈，饿着肚子聊起来："这外卖为什么不能晚上送呢？""晚上生意少，赚不到钱，何苦。""倒不如我们自己去取。""干脆我们包个外卖吧。"

就这样，几个研究生一年级的学生越聊越兴奋，创业兴趣一触即发。每个人都开始讨论和设计自己的外卖模式，一直说到凌晨四五点。天一亮，张旭豪等人便开了正式行动。他们先是做市场调研——暗访一家家饭店，在店门口记录店家一天能接多少外卖电话、送多少份餐。

之后，张旭豪等人毛遂自荐，从校园周边饭店做起，承揽订餐送餐业务。在宿舍里设一门热线电话，两个人当接线员、调度员，还外聘了十来个送餐员。只要学生打进电话，便可一次获知几家饭店的菜单，完成订单。接着，送餐员去饭店取餐，再送到寝室收钱。

这样的模式运行了几个月，饿了么积累了学校周边大大小小 17 家饭店的外卖资源。并且，张旭豪和室友们一起投资了几万块钱，印制了 1 万本"饿了么"外送册。册子里除了有各店菜单，还有汽车美容等周边商家广告，赚取的广告费几乎收回了制作成本。上海交通大学的每个寝室都得到了一本饿了么外送册，饿了么也开始在校内出了名。这时，饿了么每天从中午到凌晨要接到 150 到 200 份订单，每单抽取 15% 的费用。生意忙不过来的时候，张旭豪也会在校区内跑腿送饭。

2011 年 6 月 25 日的上海交通大学毕业典礼真正让张旭豪等人意识到饿了么外卖网站改变了人们的日常生活习惯。这场毕业典礼通过微博进行了现场直播。在这场颇有互联网时代印记的毕业典礼上，校长张杰对毕业生说："我们一同在 BBS 上'潜水、冒泡'；一起观看《交大那些事》；一同拨过'饿了么'的外卖电话……"

从创办饿了么网上订外卖网站的第一天起，张旭豪就知道自己要做一家伟大的公司。所以，饿了么走出上海交通大学，成为覆盖所有上海高校的网上订餐网站。不久之后，饿了么就获得了硅谷投资者的青睐，金沙江创投一次性给出了 100 万美元的风险投资。

之后，饿了么陆续出现在各大媒体报道中，甚至普通员工也开始接受《创业家》的采访。2014 年 5 月，《网易科技》报道了"饿了么"接受大众点评 8000 万美元战略投资。同年 8 月，《南方日报》以"饿了么 20 万免费午餐发起白领市场总攻"为标题，报道饿了么"从 8 月中旬起，通过分众覆盖的全上海几乎所有写字楼的 1 万个互动广告屏送出 20 万份免费午餐。"同年 10 月，《i 黑马》以"百亿美金平台想象：外卖 O2O 平台饿了么如何实现半年 10 倍增速？"为标题，报道饿了么网上订餐迎来的"大裂变"，以及 CEO 张旭豪提出的"下沉"战略。

2015 年 3 月，一篇名为"饿了么：一群大学生的奇幻之旅"的文章在各大网站广为流传，饿了么网站搜索引擎排名一举冲上各大外卖网站第一位。此外，还有"经纬合伙人丛真：湖南菜馆里发现饿了么，馄饨小店里决定要投""饿了么邀王祖蓝代言，CHUANG 大会和你一起拼""饿了么获 6.3 亿美元融资 创全球外卖行业最高纪录"等各种报道。

截至 2018 年 6 月 30 日，饿了么年度活跃用户达到 1.67 亿，分布在 676 个城市。

以品牌宣传为目的的软文，通常以讲创业故事为主，而对于希望促进销售的软文来说，讲述案例故事更为有效。讲述案例故事有两个利益点：

首先，通过描述他人使用该产品所获得的体验，激发客户的想象，进而增强客户的购买欲望。例如，为了推广某大型生产设备，在文章中说："××企业已经使用这个设备一年多了，生产效率比过去提高了30%，费用节省了10%，工人也特别欢迎这个设备，因为它能大大减少体能支出，所以这个企业今年又要追加两台该设备。"这样的文章比起直接宣传这台设备的节能高效，更能得到客户的信赖。

其次，文章中讲述案例故事能够造成客户的缺失感。通过列举他人的使用实例，让客户产生"大家都有了，就我没有"的感觉，这种缺失感会引发客户的从众心理，进而激发客户的购买欲望。

陈亮是宝洁公司的一个日用消费品销售员，主要负责上海市奉贤区市民居住小区的推销工作。陈亮的工作是向家庭主妇推销家用洗护产品。每完成一笔订单，陈亮都会请这户的主妇在一张纸上签名。随着时间的流逝，这张签名单上的名字越来越多。

在之后的推销中，陈亮随身携带着这张签名单。如果看到某个家庭主妇对是否购买产品犹豫不决，陈亮会适时拿出这张签名单，对这名家庭主妇说："这是你们这个小区已经购买我产品的太太们的签名，她们是我的老主顾，享受我的上门服务。"

通常听到陈亮这样一说，绝大部分主妇们都会购买产品。可以说，陈亮制作的这张签名单是一篇绝佳的软文。先是拿出名单例证让消费者信任，然后说"这些主妇都享受我的上门服务"，陈亮巧妙地激起了主妇们的从众心理和嫉妒心："邻居们能享受得起上门服务，我也能！"

软文中讲述案例故事必须注意以下三点，内容如图11-2所示。

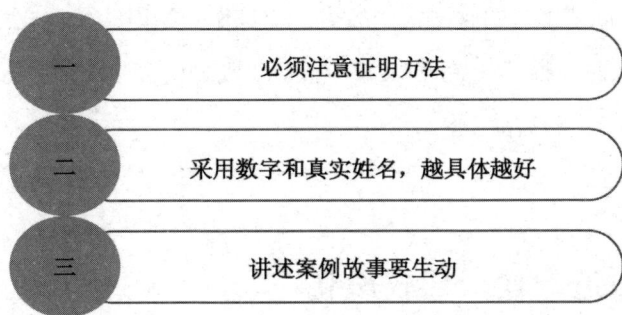

图 11-2　软文中讲述案例故事必须注意的三点

首先，必须注意证明方法。软文通常有人证、物证和证词三种证明方法。其中，人证是最能取得客户信任的证明方法。在一篇软文的证明方法中，最佳的选择是使用人证。文章在举出人证时，尽量选用客户认识的人或者是名人，这样可以提高信任度，也会留下更深的印象。

其次，采用数字和真实姓名，越具体越好。为了说明"这个城市中的很多人家都买了 A 牌菜刀，他们都说这个产品很好用"，软文可以这样写："本市的居民赵军、付娜楠，还有那个大胖子姜舒都买了 A 牌菜刀。赵军说用 A 牌菜刀砍驴比别的菜刀省力多了。付娜楠说用 A 牌菜刀不仅省力还省钱，省下的钱可以让她每天吃一个苹果。大胖子姜舒说 A 牌菜刀很锋利，准备给弟弟姜服买一把杀猪用。"

最后，讲述案例故事要生动。"还记得街对面住的那个大胖子王谦吗？他身高只有 1 米 7 几，但体重 230 斤，还有轻微的心脏病和糖尿病前期，整天邋邋遢遢的。才使用减肥茶两个月，街坊邻居都说看不到他了。其实他还在那里，每天出出进进的。但由于体重减轻了 60 多斤，又收拾了收拾自己，形象大变，很多人根本认不出来他。现在的王谦不仅过去的病好了，还眉清目秀，身材修长，成天蹦蹦跳跳得很快乐呢。"这样一篇减肥产品的软文往往能够深入人心。

为了促进销售写的软文案例故事，应该做到绘声绘色，充分发挥语言的魅力。尤其是在描述产品时，文章应该以生动的语言激发客户的美好想象，进而使客户产生购买欲望。

借新闻报道，让一切权威化

无论是传统新闻媒体还是网络新闻媒体，要想更好地生存，就必须在保证自己权威性的同时为企业提供推广服务。

对企业来说，通过新闻报道宣传自己有两种方式：一种是企业自身创造有价值的新闻，通过新闻媒体报道出来；另外一种是将热点新闻事件与企业巧妙地联系在一起，从而制造另一个热点新闻。

首先看企业自身如何制造新闻：

日用消费品巨头联合利华重磅推出了可持续行动计划，不仅在全球各大新闻媒体版面正式对"可持续行动"这一名词做出详尽解释，还制定了公司到 2020 年间需要实现的三大目标：

"帮助超过 10 亿人采取行动来提高其健康和幸福水平；在实现业务增长的同时，使生产和使用我们产品所产生的环境足迹减少一半；在实现业务增长的同时，提高数百万人的生活水平。"在文章中，还特别提到联合利华目前已经完成的"植树造林 1 万棵，为山区孩子捐建 10 万个操场、5 万个乐玩袋，预期帮助 1.5 万名农户普及可持续农业知识"。

由于新闻报道发布在大型知名权威媒体上，联合利华的可持续行动计划快速传播，影响范围非常广。在文章中，联合利华通过分享测试、试验结果，以学者、相关领域专家、技术专家的名义为品牌做了背书。另外，联合利华通过引用具有第三方性质的社会化媒体、自媒体的细节信息，能够极大地增加消费者对品牌的信任度。

谷歌不是第一个做搜索引擎的公司，却是让所有人认识到搜索引擎的公司；苹果不是发明鼠标的公司，却是让所有人知道了鼠标这个东西的公司……这样的例子很多。微软"教父"比尔·盖茨曾说过："如果我只有两美元，我会将其中一美元花在公共关系上。"要想卖产品，首先需要让大家知道你。而媒体的新闻报道便是帮助企业增强辨识度和影响力的最佳方法。下面是让媒体报道你的企业的三种方法，内容如图 11-3 所示。

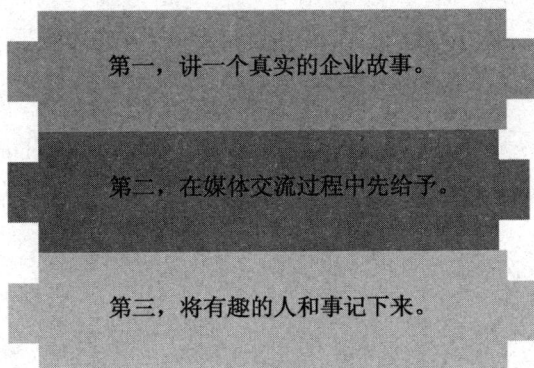

第一，讲一个真实的企业故事。

第二，在媒体交流过程中先给予。

第三，将有趣的人和事记下来。

图 11-3 让媒体报道你的企业的三种方法

第一，讲一个真实的企业故事。没有人喜欢谎言，让人们最感兴趣的是真实的故事。一个真实的企业故事应当包含以下几点：创始人是如何创立公司的、创始人是如何克服困难的、产品是如何诞生的、产品问题是如何得到解决的等。细节问题让故事显得更真实，这些正是人们希望知道的。

第二，在媒体交流过程中先给予。大部分人都有一种索取心态，企业也是这样。然而，互惠原理告诉我们，只有先付出，对方才会给你一些东西作为报答。所以，当企业在和媒体接触时，应当先对他们进行给予。例如，邀请各大媒体参加企业主办的活动，请各大媒体的记者代表在活动上发言，给他们寄去感谢信等等。这些行为都有助于企业和媒体保持良好的关系。

第三，将有趣的人和事记下来。如果内容写得好，营销工作就会水到渠成。如果你是个牙医，你可以将最近的患者和他们的症状，以及你近两年一共拔了多少颗牙，与患者之间发生了哪些有趣的事情记下来；如果你是一名平面设计师，你可以将调整设计方案时以及你和甲方之间发生的趣事记下来。需要注意的是，应当把数据、事实、分析以及企业历史穿插在故事里。

下面看如何借助热点事件做宣传。热点事件经常成为全民瞩目的焦点，企业如果能够顺应大环境，通过借力热点事件为营销造势，将为企业节省很多精力和成本。

"希拉里与三木内衣"的故事在日本众所周知。故事的起因是这样的：有一次，美国总统克林顿携第一夫人希拉里到日本进行国事访问。行程安排希拉里前往东京都大学的露天广场进行一次演讲。由于当天风很大，希拉里在演讲的过程中不时被风扬起裙子，很多记者都拍下了大量现场照片，捕捉希拉里的每一个动作。其中有一位叫植田二郎的记者冲洗了自己拍下的所有照片，无意间发现其中一张照片将希拉里的裙内内裤暴露无遗。这一发现，让植田二郎惊喜不已。

日本本土的内衣生产厂家三木创立三年以来，一直销路不畅。作为老板的朋友，植田二郎一直在为其担忧。希拉里内裤泄漏的照片无疑将引发一次重大的新闻热点事件，如何将这个新闻热点事件与三木内衣有效嫁接，实现一次成功的借势营销是接下来最关键的问题。也就是说，如果美国第一夫人希拉里走光的内裤，是三木公司的产品，这张照片才能发挥最大价值。

植田二郎立刻与三木内衣的老板取得联系，并向他要了三木内衣的LOGO。通过技术处理，植田二郎将三木内衣的LOGO与照片巧妙地融合在一起，并立即写了一篇标题为"第一夫人春光泄漏，珍贵内衣钟情三木"

的图片新闻。第二天，此新闻出现在头版头条的位置上，一时间各大报刊与电视媒体争相转发报道，希拉里与三木内衣的新闻在全日本迅猛传播。

希拉里与三木内衣的故事成为人们热衷的街谈巷议。大部分民众认为，希拉里随克林顿访日，穿上日本本土的服装是一个友好信号。而照片中显示她被风扬起的裙中穿的是三木内裤，使原本默默无闻的三木内衣品牌与美国第一夫人突然产生了联系，这就相当于请美国第一夫人希拉里做了免费的品牌形象代言人。

希拉里对于自己的照片被人利用生气至极，然而对于三木的商业炒作她没有提出任何司法诉讼。因为她与自己的群臣都清楚，司法诉讼不仅不能有效遏制这件事情的传播，还会让这件事越描越黑，连带出越来越多的新闻。由此，希拉里没有采取任何行动。三木内衣因为第一夫人希拉里的关系一举扬名，并畅销日本。

利用社会热点事件为企业做宣传，应该注意哪些问题呢？下面是企业利用社会热点事件宣传的 4 个注意事项，内容如图 11-4 所示。

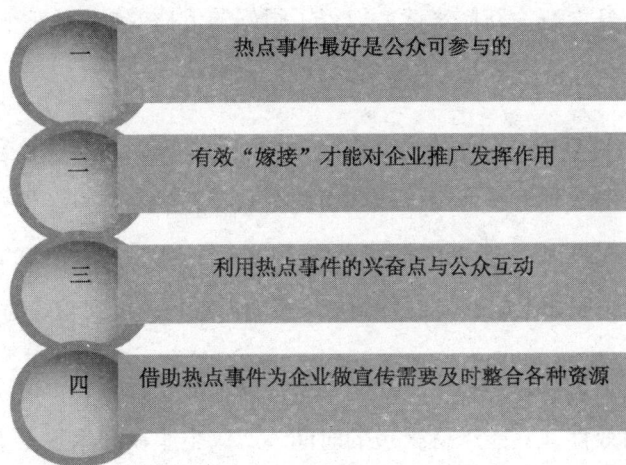

- 一　热点事件最好是公众可参与的
- 二　有效"嫁接"才能对企业推广发挥作用
- 三　利用热点事件的兴奋点与公众互动
- 四　借助热点事件为企业做宣传需要及时整合各种资源

图 11-4　企业利用社会热点事件宣传的四个注意事项

第一，热点事件最好是公众可参与的 。实际上，大众关注社会热点事件的目的是娱乐自己，所以企业做推广借助的热点事件如果是公众可参与的，就会收到更好的效果。

谢亚龙下课风波曾经闹得沸沸扬扬，联想发现并抓住了这个营销机会。在某门户网站谢亚龙下课相关新闻的下方，联想推出了一个"想乐就乐，就算谢亚龙不下课"的话题。只要点开话题，就能看到联想 Ideapad 关于新想乐主义的视频广告。当天，联想的话题获得了超过 11 万次的点击，还有 2000 多条粉丝回帖。

第二，有效"嫁接"才能对企业推广发挥作用。借助热点事件宣传企业和产品，观察力和想象力很重要。将公司产品或者概念有效融入热点事件之中，并且嵌入得不露痕迹，才能达到借势传播的效果。

当克隆技术在街头巷尾被人们议论的时候，脑白金巧妙地利用了这个热点事件。他们把脑白金技术与克隆技术相提并论，写出了《生物技术的两大突破》这篇文章。由于嵌入巧妙，很多人都没有意识到这是一个营销事件，并将其误解为新闻来读，取得了很好的传播效果。有一些报社还将其作为科技新闻进行转载，传播效果出人意料。

第三，利用热点事件的兴奋点与公众互动。公众对某些社会热点事件有很大的参与兴趣。企业可以找到引起公众兴趣的兴奋点，将企业与事件兴奋点结合起来，吸引公众的自发参与，以沟通来创造事件之外的真正价值。实践证明，企业如果能够吸引公众参与互动，总是能得到较好的回报。

第四，借助热点事件为企业做宣传需要及时整合各种资源。社会热点事件具有时效性，只能维持很短的时间，所以企业在利用热点事件做宣传时需要在短时间内有效整合各种资源。

汶川大地震发生之后，很多企业进行了捐款捐物，在这些企业中只有王老吉通过 1 亿元的捐款获得了很大的知名度。很多企业捐款与其一样多甚至更多，为什么没有获得相应的影响力？新闻不炒作就没有价值，而企业捐款即使再多，不被人们知晓也就不能达到预想中的目标。王老吉究竟是怎么做的呢？

首先，王老吉号召公众对灾区进行爱心捐助，整合了公众的爱国意愿；其次，王老吉关注地震中发生的各种热点事件，整合了各种热点事件资源；最后，王老吉利用论坛以及网络媒体等免费资源进行宣传，整合了各大媒体资源。

当时，有一句话几乎没有人不知道的：要捐就捐一个亿，要喝就喝王老吉。王老吉利用当时的热点事件推广企业品牌，加上各种媒体的免费宣传，获得了 10 个亿也可能无法达到的广告宣传效果，而王老吉用 1 个亿就做到了。

线下沙龙，分享你的故事

"您可以告诉这位女士，如果她真的喜欢我们的设计，我们还可以把价格降低一些。我们今天的目的不是卖产品，而是加强沟通与了解。"Mathon 珠宝的产品经理奥德（Aude）一边在计算器上敲着价格，一边用法语告诉翻译，然后将价格放在那位询价的女士面前。这是 2015 年 11 月 23 日至 24 日在上海举办的 Salon Precieux 巴黎珠宝奢华沙龙上的一个场景。

Salon Precieux 巴黎珠宝奢华沙龙是 Karine Margraff 于 2008 年在巴黎创办的，是一个展现法式创意与工艺的珠宝、钟表和珍贵首饰沙龙。自创办之后每年都会举办，一直延续至今。Karine Margraff 曾经在巴黎著名的高级奢华百货公司 BON MARCHE 担任时尚买手，时间长达 7 年。Karine Margraff 喜欢发掘新的设计天才，善于发现工艺高超，但是在顶级奢侈品牌背后默默工作的制作工坊，每一次沙龙上的品牌都是她精心挑选的。

在上海举办的 Salon Precieux 巴黎珠宝奢华沙龙已经是第二次来到中国，与第一次在北京举办时一样低调。对于该沙龙的成功举办，Karine Margraff 说："我们会选择一些有点名气、有共同价值观，并且有发展潜力的品牌或创作者，他们必须有强烈的个性和创作力。做买手的时候，我就发现很多出色的法国制作并没被人认识，所以希望通过沙龙让大家了解。"

线下沙龙建立了一种高端社会圈层关系，在这种高端社会圈层里，商家可以从中发现高端消费客户，在休闲的同时利用共同的爱好与人群交往，拓展人脉关系，促成生意发展。这是线下沙龙吸引各大商家的主要原因。

北京一家韩国化妆品专卖店店长，在给顾客白女士推荐雪花秀护肤品：

顾客："这个牌子我从来没有用过，在中国市场上也没有卖的，不知道效果到底好不好。"

店长："对啊，女士选择护肤品时一定要慎重，适合自己的才是最好的，我们店将在这周末举办一个美容沙龙，很多女士都会来，聊聊美容护肤方面的话题，不知您有没有兴趣？"

白女士答应了。在周末的美容沙龙上，梁女士发现身边的女士们都高雅端庄，皮肤也很显年轻，这让她非常美慕。聚会中大家聊了很多她不知道的美容护肤知识，之后她兴奋地问店长："她们用的都是您这里的护肤品吗？"店长见白女士这么问，抓住机会卖出了产品，白女士成了店里的常客。

下面一起看线下沙龙的三大作用，内容如图 11-5 所示。

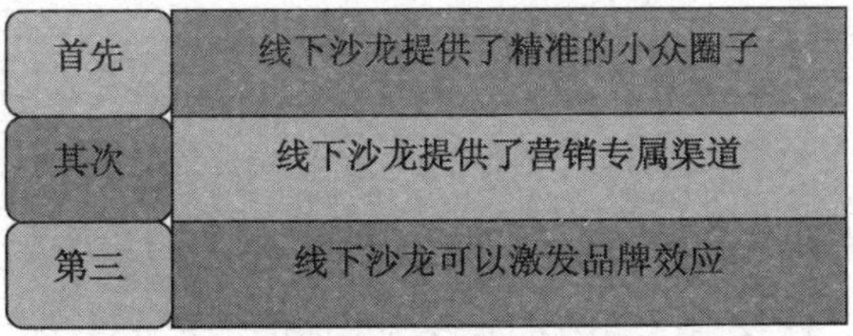

首先	线下沙龙提供了精准的小众圈子
其次	线下沙龙提供了营销专属渠道
第三	线下沙龙可以激发品牌效应

图 11-5 线下沙龙的三大作用

首先，线下沙龙提供了精准的小众圈子。线下沙龙通过对生活品位、兴趣爱好以及生活尺度、生活方式方面的划分，将不同的小众圈子精准地置于公众面前。商家如果了解了参与线下沙龙的具有独特生活模式的用户心理需求，就可以针对特定阶段的特定客户群进行有目的的营销活动。这一步涉及寻找与品牌定位相一致的线下沙龙，即要能为线下沙龙构成的小众圈子提供他们所需要的高端产品和服务。

其次，线下沙龙提供了营销专属渠道。与品牌定位相一致的线下沙龙为商家提供了一个营销专属渠道。线下沙龙是小众圈层获取信息非常好的渠道，通过这一专属渠道进行针对性传播能有效避免资源的浪费，并扩大品牌影响力。在举办线下沙龙的过程中，商家可以利用核心人物强化信息的传递，将好感觉、好评价告诉目标圈层客户，扩大品牌影响力和知名度。

最后，线下沙龙可以激发品牌效应。线下沙龙是针对具有相同生活模式与心理需求的小众圈子开办的圈层活动，在小众圈层中产生了足够的影响力。商家可以在线下沙龙中针对目标圈层所喜好的品牌产品，包括名车、名表、名牌服饰等，将产品或项目与目标圈层所喜好的品牌联系起来，推广产品或项目的内涵。这种品牌嫁接以及产品与品牌之间的互动活动有助于树立起项目自身的品牌，既可以提升品牌价值，也可以促进销售，从而让目标圈层对项目产生深度良好的认同。

下面一起看如何策划一场成功的线下沙龙活动。

第一，沙龙场地的选择，考虑三个方面：首先，根据自己的活动主题来找。比如广州最美文化传播公司的创始人杨坤龙打算做一期汉字书法之美的沙龙活动，并找到广州的黄埔古村里面的一家百年老宅。这个古色古香的场地就比较符合杨坤龙的活动主题。其次，考虑自己朋友的场地。因为是自己人，不仅用起来会比较自在，相应价格也会比较低。如果没有的话，你也可以找一些合适的咖啡厅或者书吧等。最后，与新开的场地合作也是一个不错的选择。新开的场地对于新客源的需求比较大，所以会通过为一些组织提供活动场地来增加新客源。

第二，邀请沙龙嘉宾与成员。线下沙龙活动必定要有嘉宾和成员，对嘉宾与成员的选择标准要按照需要来设定。沙龙的嘉宾应当有一定的知名度和专业学识，成员要是沙龙主题的参与者、学习者。总体上，组织者要保证参与沙龙聚会的人和要讨论的沙龙主题相匹配。

第三，选择沙龙活动的赞助方。举办线下沙龙活动除了要有嘉宾和成员的参与外，还要有资金支持，用于租借场地、准备物料、工作人员薪资、食宿支出等。有的商家自身实力强大，不需要借助外力就能举办一场沙龙活动，但有的商家就需要寻找赞助方合作。与赞助方合作举办沙龙活动不仅可以帮助赞助方提高知名度，还能帮助沙龙举办方获得充足的活动经费。如果沙龙举办方和赞助方相互配合、协调联动，可以产生双赢的活动效果。

第四，设计沙龙活动流程。下面是沙龙活动的六个环节：

（1）活动报名。

（2）现场签到。

（3）活动期间。

（4）答疑环节。

（5）抽奖环节。

（6）后期维护。

虽然策划一场线下沙龙活动是一个精细活儿，但是执行到位还是最关键的。因此，在举办沙龙活动前，组织者要反复推敲整个沙龙活动的策划，查看是否有缝隙。

情景测试 1：媒体采访故事，如何设计起伏的情节

面对媒体采访，如何设计起伏的情节？面对媒体采访时，大部分人都是僵硬和局促的，更顾不上讲述一个情节起伏、引人入胜的故事。然而，对于很多中小品牌的管理者或销售员来说，这可是宣传企业和产品的大好机会啊，应当把握机会好好表现。试想一下，为什么微软、苹果、谷歌等这样的大公司，销售员拉订单那么容易，那是因为他们的公司有品牌知名度和美誉度。可以发现，懂得公共传播对品牌和商业机会的重要性，是成功企业在战略上的共同点。

如果你所在的公司暂时没有能力雇佣公关公司或养一个公关团队策划和安排媒体采访，那么，面对媒体采访的时候，你可以从以下四点入手，内容如图 11-6 所示。

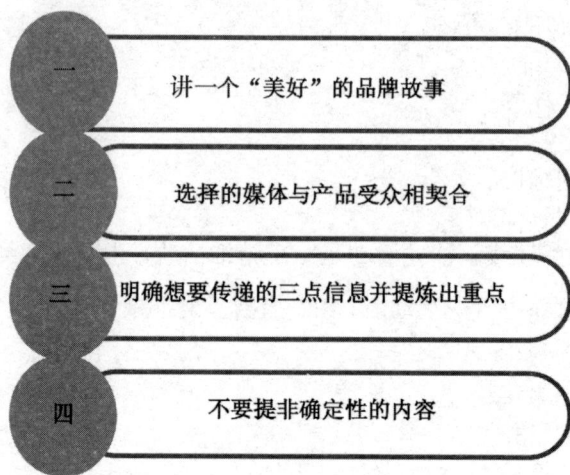

一 讲一个"美好"的品牌故事

二 选择的媒体与产品受众相契合

三 明确想要传递的三点信息并提炼出重点

四 不要提非确定性的内容

图 11-6 面对媒体采访的入手点

第一，讲一个"美好"的品牌故事。成功的企业背后都有一个美好的品牌故事，包括三只松鼠、雕爷牛腩、叫个鸭子等，这些企业利用一手的好故事引得投资人和消费者竞折腰。当然，故事不是凭空捏造出来的，而是基于以下三个方面：①公司的主营业务，列举 1 ~ 3 个；②与竞争对手的差异，通过事实说明特色；③产品或服务上现存的几个问题，说明将如何改进或调整。找到问题的答案后，要进行多次修改，直到改出一个足够吸引公众关注的故事。

一个吸引公众关注的故事具有以下四个特征：①故事情节的发展方向不可知、无法预测，比如创业者尝试了无数种方法都失败了，大家不知道他是否能成功，也不知道到底是使用哪一种方法获得了成功。②故事主角面临一个两难选择，在两个选择中左右摇摆，谁也不知道究竟哪一个选择对主角是更好的。③让主角一直面临威胁，游走在失败、毁灭的边缘，不知道什么时候就会挂掉。④让主角一路开挂，高潮不断袭来，此时大部分人都会被主角的光环吸引。

第二，选择的媒体与产品受众相契合。如果是做传统餐饮的企业，非要上科技媒体那就有点难办。所以，最好提前选择出那些与产品受众契合的媒体，看这些媒体采访过的类似公司，对比自身故事和已经被媒体报道过的故事哪个更有吸引力。需要注意的是，如果有记者说想采访你，一定要问问他们试图报道的角度。如果与自身期望的不符，那么就没必要接受采访。

第三，明确想要传递的三点信息并提炼出重点。明确想要传递的信息后，回答记者问题时要围绕这三点信息来说，并且回答的内容要能支撑起你的故事。短小精悍的故事更有利于被引用和二次传播。在讲故事时，可以适当引用精确的行业数据和调查结果，避免使用"我以为""可能吧"等不确定的语气和内容。

第四，不要提非确定性的内容。还没有签订合同的合作、并购等都不能向媒体提起，除非是对方同意你公开的。总之，所有非确定性的内容最好不要提，否则事后的影响对公司来说是很棘手的。

向一个客户讲故事最多只能俘获一个客户，但是通过媒体向公众讲故事则有可能俘获成千上万个客户。作为企业管理者和销售员，应当重视培养面对媒体讲故事的能力，为企业形象加分。

情景测试 2：面对一万观众，如何讲好故事

肯定很多人都告诉过你，你要会讲故事，才能让一万观众认真听，认真看。这话很有道理，那你有想过原因吗？会讲故事和不会讲故事的销售员有什么本质差异呢？无论面对多少观众，只要掌握了故事类型这个诀窍，你就可以成为会讲故事的销售员。调查发现，最受欢迎的故事类型有四种：

1. 自身经历的故事

当观众意识到你想影响他们时，他们首先会产生疑问："你是谁"。这时，讲一个关于你自身经历或者成长的故事，会让观众觉得很对胃口。乔布斯在斯坦福大学演讲，第一个故事就是从自身出发，讲述了自己上大学读了六个月之后就退学，在十八个月后又去学校的故事。

2. 坦陈动机的故事

每个人天生都有警惕性，会怀疑他人的动机。尤其你的身份是销售员，大家对你的信任度最初是很低的。所以在对观众讲怎样受益之前，先告诉对方自己希望得到何种好处，观众会觉得听你讲故事是合情合理的。

3. "愿景"故事

愿景故事是首先给大家一个可以实现、靠谱的愿景，而且这个愿景应当是合理且能得到大家认同的。比如说："我希望有一天，智能手机可以在中国最大范围地普及，包括贫困山区的人们也可以……"

4. "行动价值"的故事

这类故事非常常见，比如"如何从180斤的胖子变成90斤的马甲线女王""如何考研"等。这类故事之所以受欢迎是因为真实案例是最有效的教导方式。如果故事主人公是自己，那么故事更加容易讲，因为你自己经历了，知道苦在哪里、快乐在哪里，你的感受都是发自内心的，这样就很容易影响别人的行动。

故事力是一种能够捕捉情境和情感，能够对信息、知识、情境和情感进行整合的能力，是未来销售员必须掌握的一种能力。对销售员来说，运用故事力的最终结果是有效地影响客户行为。

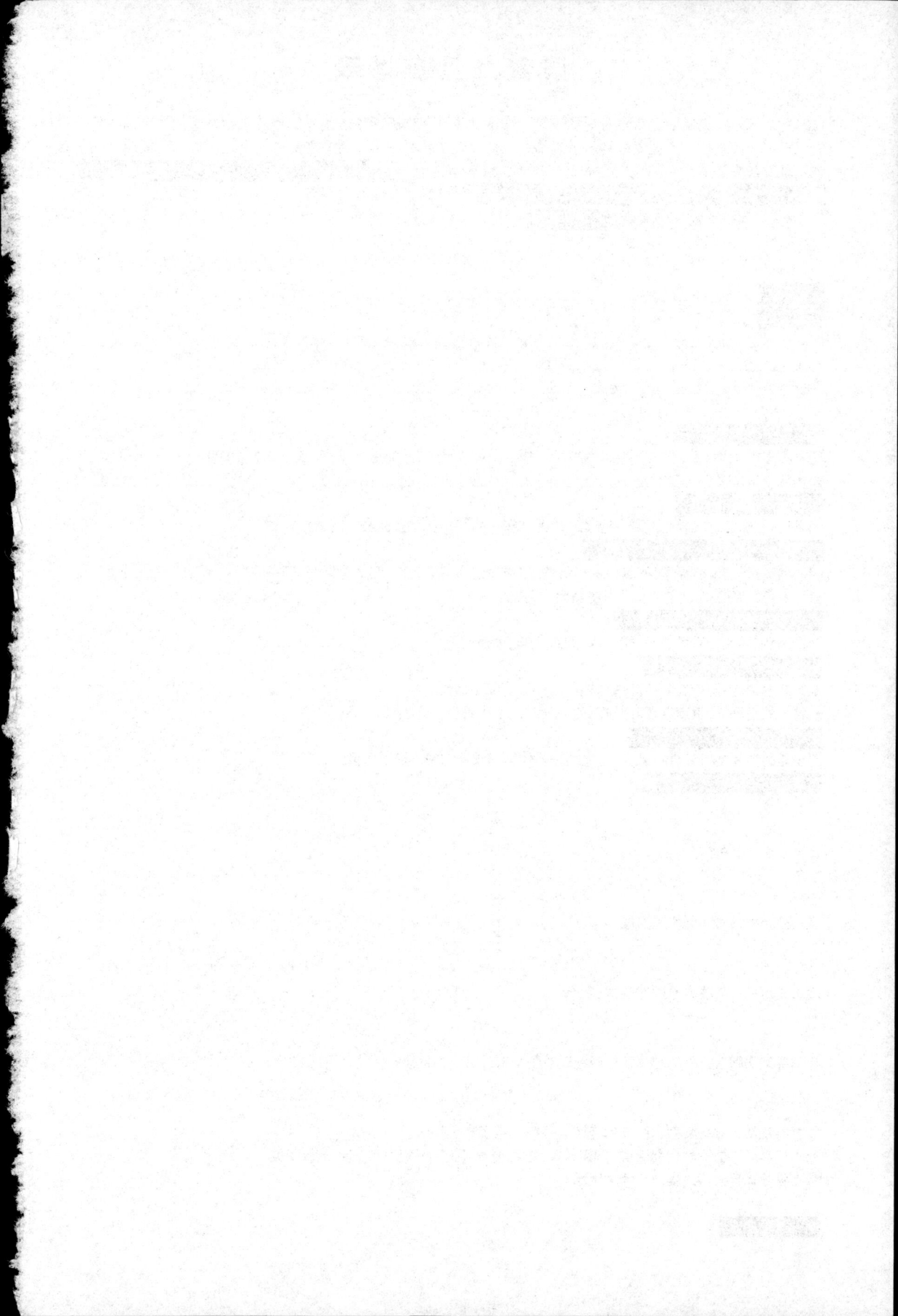

读 者 意 见 反 馈 表

亲爱的读者：

感谢您对中国铁道出版社有限公司的支持，您的建议是我们不断改进工作的信息来源，您的需求是我们不断开拓创新的基础。为了更好地服务读者，出版更多的精品图书，希望您能在百忙之中抽出时间填写这份意见反馈表发给我们。随书纸制表格请在填好后剪下寄到：北京市西城区右安门西街8号中国铁道出版社有限公司大众出版中心 吕芟 收（邮编：100054）。此外，读者也可以直接通过电子邮件把意见反馈给我们，E-mail地址是：lvwen920@126.com。我们将选出意见中肯的热心读者，赠送本社的其他图书作为奖励。同时，我们将充分考虑您的意见和建议，并尽可能地给您满意的答复。谢谢!

- -

所购书名：_____

个人资料：

姓名：_____ 性别：_____ 年龄：_____ 文化程度：_____

职业：_____ 电话：_____ E-mail：_____

通信地址：_____ 邮编：_____

- -

您是如何得知本书的：

□书店宣传 □网络宣传 □展会促销 □出版社图书目录 □老师指定 □杂志、报纸等的介绍 □别人推荐
□其他（请指明）_____

您从何处得到本书的：

□书店 □邮购 □商场、超市等卖场 □图书销售的网站 □培训学校 □其他

影响您购买本书的因素（可多选）：

□内容实用 □价格合理 □装帧设计精美 □带多媒体教学光盘 □优惠促销 □书评广告 □出版社知名度
□作者名气 □工作、生活和学习的需要 □其他

您对本书封面设计的满意程度：

□很满意 □比较满意 □一般 □不满意 □改进建议

您对本书的总体满意程度：

从文字的角度 □很满意 □比较满意 □一般 □不满意
从技术的角度 □很满意 □比较满意 □一般 □不满意

您希望书中图的比例是多少：

□少量的图片辅以大量的文字 □图文比例相当 □大量的图片辅以少量的文字

您希望本书的定价是多少：

本书最令您满意的是：

1.
2.

您在使用本书时遇到哪些困难：

1.
2.

您希望本书在哪些方面进行改进：

1.
2.

您需要购买哪些方面的图书？对我社现有图书有什么好的建议？

您更喜欢阅读哪些类型和层次的经管类书籍（可多选）？

□入门类 □精通类 □综合类 □问答类 □图解类 □查询手册类 □实例教程类

您在学习计算机的过程中有什么困难？

您的其他要求：